Theologische Studien

Neue Folge

T0161700

TVZ

Theologische Studien

Neue Folge

herausgegeben von
Thomas Schlag, Reiner Anselm,
Jörg Frey, Philipp Stoellger

Die Theologischen Studien, Neue Folge, stellen aktuelle öffentlichkeits- und gesellschaftsrelevante Themen auf dem Stand der gegenwärtigen theologischen Fachdebatte profiliert dar. Dazu nehmen führende Vertreterinnen und Vertreter der unterschiedlichen Disziplinen – von der Exegese über die Kirchengeschichte bis hin zu Systematischer und Praktischer Theologie – die Erkenntnisse ihrer Disziplin auf und beziehen sie auf eine spezifische, gegenwartsbezogene Fragestellung. Ziel ist es, einer theologisch interessierten Leserschaft auf anspruchsvollem und zugleich verständlichem Niveau den Beitrag aktueller Fachwissenschaft zur theologischen Gegenwartsdeutung vor Augen zu führen.

Theologische Studien

NF 3 – 2011

Benjamin Schliesser

—

Was ist Glaube?
Paulinische Perspektiven

T V Z
Theologischer Verlag Zürich

Gedruckt mit freundlicher Unterstützung der Ulrich Neuenschwander-Stiftung

Bibliografische Informationen der Deutschen Nationalbibliothek

Die Deutsche Nationalbibliothek verzeichnet diese Publikation in der Deutschen Nationalbibliografie; detaillierte bibliografische Daten sind im Internet über http://dnb.d-nb.de abrufbar.

Umschlaggestaltung: Simone Ackermann, Zürich

Druck: ROSCH-BUCH GmbH, Scheßlitz

ISBN 978-3-290-17803-1

© 2011 Theologischer Verlag Zürich

www.tvz-verlag.ch

Meinen Eltern

Inhaltsverzeichnis

1. Was ist Glaube?[*]

Einführung

Man kann «im Neuen Testament geradezu von einer Entdeckung des Glaubens sprechen. Keine andere jüdische oder hellenistische Schrift vor oder nach dem Neuen Testament verwendet das Wortfeld ‹glauben› auch nur annähernd so häufig. In diesem Buch trat das Wortfeld des Glaubens in den Mittelpunkt, weil offenbar das Phänomen des Glaubens auf eine vorher nicht da gewesene Art entdeckt worden war.»[1] So der Zürcher Neutestamentler Hans Weder in seinem Vortrag «Die Entdeckung des Glaubens im Neuen Testament» vor der Synode der Evangelischen Kirche in Deutschland.

Man kann sogar zu Recht von einer «explosionsartigen Steigerung»[2] des Redens vom Glauben im Neuen Testament sprechen. Verb (*pisteuein*) und Nomen (*pistis*) begegnen je 243-mal.[3] Diese statistische Häufung ist beachtlich, und wenn sie auch *per se* noch keine theologische Aussagekraft besitzt, ist sie doch Indiz dafür, dass «Glaube» «im Neuen Testament, und zwar in allen seinen Schichten, […] zum schlechthin zentralen Begriff»[4] und «zur beherrschenden Bezeichnung»[5] des Verhältnisses des Menschen zu Gott geworden ist. Gerhard Ebeling stellt fest: «Würde man aus dem neutestamentlichen Gesamtvokabular diejenigen Wörter zusammenstellen, die trotz des von Schrift zu Schrift wechselnden Sprachbefundes allen Schichten des neutestamentlichen Schrifttums als tragende Begriffe angehören, so würde dabei *pisteuein* usw. mit an erster Stelle stehen.»[6]

Auch die Briefe des Paulus fügen sich in diesen Befund ein, nur dass bei ihm das Übergewicht des Nomens sogleich ins Auge fällt: Das Verbum *pisteu-*

---

[*] Ich danke dem Herausgeberkreis der Theologischen Studien für die Einladung, vorliegende Studie zum paulinischen Glaubensbegriff zu schreiben, insbesondere Prof. Dr. Jörg Frey, der die Entstehung der Arbeit mit großem Engagement und Interesse begleitet hat. Dem Hauptherausgeber Prof. Dr. Thomas Schlag sowie Dipl.-Theol. Nadine Kessler, Dipl.-Theol. Corinna Schubert und Dr. Christine Schließer danke ich herzlich für anregende Diskussionen und wertvolle Hinweise.

1 *Hans Weder*, Entdeckung des Glaubens, S. 138.
2 *Eberhard Jüngel*, Art. Glaube, Sp. 953.
3 In der Häufigkeitsskala der bedeutenden theologischen Begriffe wird Glaube/glauben nur übertroffen von «Gott», «Herr» und «Christus»; vgl. zu diesen Angaben *Gerhard Friedrich*, Glaube und Verkündigung, S. 93f.
4 *Gerhard Ebeling*, Was heißt Glauben?, S. 229.
5 *Rudolf Bultmann*, Theologie des Neuen Testaments, S. 91.
6 *Gerhard Ebeling*, Jesus und Glaube, S. 220 Anm. 27.

ein verwendet er 42-mal, das Nomen *pistis* dagegen 91-mal.[7] Die Exegese einer Auswahl der *pistis/pisteuein*-Belege wird zeigen, dass Paulus damit eine wichtige – wenn nicht sogar «die wichtigste»[8] – theologische Aussage machte und dass er den Begriff *pistis* «in den Mittelpunkt der Theologie» stellte.[9]

Die überragende Bedeutung, die dem Glaubensbegriff in der Geschichte des Christentums zukommt, führt dazu, dass er «überfrachtet» zu werden droht, und zwar in zweifacher Hinsicht. Zum einen besteht aus linguistischer Perspektive die Gefahr, dass ein unsachgemäßer «Totalitätstransfer»[10] vollzogen wird, bei dem die Bedeutungsvielfalt eines Wortes auf die einzelnen Belegstellen übertragen wird. Um den «Glaubensbegriff» des Paulus zu bestimmen, werden – vereinfacht gesagt – die einzelnen Aspekte und Nuancen des Wortes *pistis* gesammelt und in einem zweiten Schritt wieder auf alle Belege aufgeladen. Das heißt nun nicht, dass im Gegenzug lediglich verschiedene Bedeutungen aneinanderzureihen sind; vielmehr sollen die einzelnen Stellen in ihrem jeweiligen Kontext gehört und ihre Aussageabsicht herausgearbeitet werden.

Ein zweiter Hinweis ist im Blick auf die Bedeutungsgeschichte des Glaubens angebracht. Die Tatsache, dass die Texte des Paulus die Geschichte der westlichen Kultur und Sprache entscheidend geprägt haben, kann dazu verleiten, die verschiedenen Stationen der semantischen Geschichte des Glaubens auf die Belege bei Paulus zu übertragen. Der heutige, religiös-kirchlich geläufige Begriff des Glaubens, der ja Teil der paulinischen Wirkungsgeschichte ist, gleicht «einem Esel, dem man einen Möbelwagen aufgeladen hat und noch immer wieder auflädt. [...] ‹Glaube› wurde identisch mit ‹Christentum›, ja mit ‹Religion› überhaupt.»[11] Hinzu kommen alltagssprachlich vertraute Verwendungsweisen und Vorverständnisse von «glauben», durch welche die Umrisse des Bedeutungsfeldes im Laufe der Zeit immer verschwommener und durchlässiger wurden. Diese finden in den folgenden sprachlichen Wendungen ihren Ausdruck[12]:

---

7 Römerbrief: 21-mal *pisteuein*/40-mal *pistis*, Erster Korintherbrief: 9/7, Zweiter Korintherbrief: 2/7, Galaterbrief: 4/22, Philipperbrief: 1/5, Erster Thessalonicherbrief: 5/8, Philemonbrief: 0/2). Daneben im Römerbrief *apisteo* («untreu sein») (1) und *apistia* («Untreue/Unglauben») (4), im ersten Korintherbrief und im zweiten Korintherbrief *apistos* («ungläubig») (11 bzw. 3).

8 *Hermann Binder*, Glaube bei Paulus, S. 79.

9 *Rudolf Bultmann*, Art. πιστεύω κτλ., S. 218.

10 *James Barr*, The Semantics of Biblical Language, S. 218, 222. Diese Warnung hat Barr gerade mit Blick auf den Glauben ausgesprochen (vgl. S. 161–205).

11 *Wolfgang Schenk*, Glaube im lukanischen Doppelwerk, S. 69.

12 Vgl. *Ingolf U. Dalferth*, Über Einheit und Vielfalt des christlichen Glaubens, S. 108.

– «ich glaube, dass … bzw. etwas» (doxastisches Fürwahrhalten)
– «ich glaube jemandem» (fiduziales Vertrauenschenken)
– «ich glaube an jemanden» (personales Sichverlassen)

Um ein sachgemäßes Verständnis vom Glaubensbegriff des Paulus zu gewinnen, kann man nicht von den religiös und alltagssprachlich geläufigen Verwendungstypen ausgehen. Die Fragen «Was heißt Glaube?» und «Was heißt Glaube bei Paulus?» sind methodisch auseinanderzuhalten. Und dennoch gehören beide Fragen zusammen, eben weil die Glaubenstexte des Völkerapostels mit dem Glaubensverständnis und der Glaubensgeschichte unserer Kultur aufs Engste verknüpft sind, ja «zur Grundinformation der menschlichen Geschichte» gehören.[13]

Die Geschichte (der Erforschung) des Glaubensbegriffes hat nun aber neben einer Überfrachtung auch eine unpaulinische Reduktion auf eine subjektive Haltung bzw. individuelle Disposition zur Folge gehabt. Daher wird (in Kapitel 2) die soziologische bzw. ekklesiologische Dimension als eine erste grundlegende Perspektive auf die paulinische Auffassung vom Glauben hervorgehoben: Glaube ist konstitutiv für die christliche Identität und Kriterium für die Zugehörigkeit zur christlichen Gemeinde.

Mit der Betonung der überindividuellen Dimension der paulinischen Rede vom Glauben kommt (in Kapitel 3) eine weitere und bislang in der Exegese recht wenig beachtete Perspektive in den Blick. *Pistis* ist bei Paulus *auch* eine von außen hereinbrechende und durch die Christusepiphanie begründete «göttliche Geschehenswirklichkeit». Dieses Kapitel löst zugleich die wichtige Forderung ein, «methodisch von der christologisch-heilsgesch[ichtlichen] Dimension des G[laubens] auszugehen und erst dann dessen immer soteriologisch orientierte anthropologische Aspekte thematisch zu machen».[14]

Das Ineinander von christologisch-heilsgeschichtlicher und anthropologischer Betrachtungsweise bleibt auch in den folgenden Argumentationsgängen (Kapitel 4–6) zentral, in welchen die paulinische Perspektive auf die Subjektivität des Glaubens zu erörtern ist. Wenn – wie auch hier vorausgesetzt wird – der Glaube «daseinsbestimmende Bedeutung für den Menschen hat […], so stellt sich die Frage, wie solcher […] Glaube anthropologisch zu verorten ist.»[15] Es bietet sich an, für diese Frage der Anthropologie bzw. der Subjektivität des Glaubens die geläufige Dreigliedrigkeit der platonischen Seelenlehre zugrunde zu legen, die seit Kant und Schleiermacher weithin anerkannt

13 So *Gerd Theißen*, Die Religion der ersten Christen, S. 13, über die Bedeutung der Texte und Überzeugungen des Neuen Testaments.
14 *Eberhard Jüngel*, Art. Glaube, Sp. 972.
15 *Wilfried Härle*, Dogmatik, S. 66.

ist und davon ausgeht, dass im Menschen drei Fähigkeiten oder Antriebs-kräfte zusammenwirken: Vernunft, Wille und Gefühl. Mag sich Paulus auch an keiner Stelle explizit über das Verhältnis der menschlichen Seelenvermö-gen zum Glauben geäußert haben, so kann er dennoch als Urheber einer kul-turell wie religiös äußerst bedeutsamen und vielfältigen Wirkungsgeschichte gelten. Wie kein anderes literarisches Erzeugnis haben seine Briefe die Aus-einandersetzung mit den Problemkreisen «Glaube und Vernunft», «Glaube und Wille» und «Glaube und Gefühl» hervorgerufen und geformt. Aus diesem Grund ist diesen drei Komplexen jeweils eine Exposition der Fragestellung in systematisch-theologischer Absicht vorangestellt. Freilich wird schnell deut-lich, dass sich Paulus' Rede vom Glauben gegen klare Abgrenzungen sträubt: Der Glaube geht in keiner der menschlichen Erkenntnisweisen auf; er findet nicht «getrennte Haushalte» im Innern des Menschen vor, sondern durch-dringt Vernunft, Wille und Gefühl. Und er ist nicht als Summe der drei Er-kenntnisweisen zureichend zu bestimmen, sondern weist aufgrund seines Of-fenbarungscharakters wesenhaft über diese hinaus.

Innerhalb der anthropologischen Betrachtungsweise des Glaubens ver-dient der Aspekt Beachtung, dass Glaube nicht aus sich selbst heraus existie-ren kann, sondern auf ein Gegenüber außerhalb seiner selbst angewiesen ist, das ihn begründet und erhält. Noch mehr: Der Glaube setzt das Individuum aus sich selbst heraus und schafft ein neues Beziehungsgefüge: «Nicht der Glaube gehört zum christlichen Individuum, sondern das christliche Indivi-duum gehört zum Glauben.»[16] Insofern ist dem Glaubensvorgang gar eine «ekstatische[ ] Struktur» eigen.[17] Doch darf der externe und «ekstatische» Charakter des Glaubens wiederum nicht so verstanden werden, als sei er «see-lenlos»; die Frage nach seinem Ort und Halt im Innenleben des Menschen – in seinem Denken, seinem Willen, seinem Gefühl – behält seine Berechtigung.

Der Begriff «Glaube» nimmt eine Reihe von einzelnen Bedeutungskom-ponenten in sich auf, die den menschlichen Seelenvermögen im Sinne einer ersten Annäherung zugeordnet werden können: «Glaube als Fürwahrhalten und Überzeugtsein», «Glaube als Wissen und Bekennen» (Vernunft), «Glaube als Entscheidung und Gehorsam», «Glaube als ‹neuer Gehorsam› und Liebe» (Wille), «Glaube als ‹mystisches› Erleben», «Glaube als Vertrauen und Ge-wissheit» (Gefühl). Da zwischen diesen einzelnen Dimensionen ein innerer Zusammenhang besteht, lässt sich mitunter nicht klar abgrenzen, welche von ihnen den Ton trägt.

---

16 *Eberhard Jüngel*, «Theologische Wissenschaft und Glaube», S. 22 (mit Verweis auf den be-kannten Satz Luthers über den Glauben: «ponit [fides] nos extra nos.»).

17 *Eberhard Jüngel*, Gott als Geheimnis der Welt, S. 246.

Systematisch-theologische Einordnung

Zur Frage, wie sich eine exegetische Untersuchung zur systematischen Theologie verhalte, bemerkte Adolf Schlatter (1852–1938) lapidar: «Einer Geschichte der neutestamentlichen Begriffe, welche dieselben nur statistisch benennt und chronologisch einordnet, fehlt der Kopf.» Wahrnehmung des Tatbestandes und begriffliche Durchdringung sind im «reellen Erkennen [...] nicht durch eine Scheidewand getrennt, sondern bedingen sich gegenseitig und kommen nur in und mit einander zur Vollendung».[18] Anders ausgedrückt gibt es zwei Versuchungen der Exegese: «de[n] Rückzug in die rein historische Arbeit und die Flucht in die Systematik».[19] Daher sollen in der vorliegenden exegetischen Studie die sich eröffnenden Problemhorizonte knapp in ihrem systematisch-theologischen Zusammenhang eingeordnet und bewertet werden. In der systematisch-theologischen Diskussion kann aus der Fülle der theologischen (und religionsphilosophischen) Literatur lediglich eine Auswahl von (älteren und neueren) Denkansätzen einbezogen werden. Exemplarisch seien als Gesprächspartner genannt: Augustin (354–430), Martin Luther (1483–1546), Johannes Calvin (1509–1564), Friedrich Schleiermacher (1768–1834), Martin Buber (1878–1965) und Karl Barth (1886–1968). Von den neueren Entwürfen finden insbesondere die von Gerhard Ebeling (1912–2001), Wolfhart Pannenberg (*1928), Eberhard Jüngel (*1934) und Wilfried Härle (*1941) Berücksichtigung.

Die Klärung des Glaubensbegriffs ist und bleibt eine Herausforderung für die christliche Theologie und ein Thema im ökumenischen Gespräch. «Unterschiedliche Formen von Frömmigkeit scheinen verschiedenen Glaubensweisen zu entsprechen, und verschiedene Theologietypen entwickelten unterschiedliche Auffassungen vom Glauben.»[20] Bedenkenswert ist dabei die Einschätzung eines theologischen Arbeitskreises, «dass der Begriff des Glaubens noch nicht zu derjenigen Klarheit ausgearbeitet ist, die angesichts seiner schlechterdings fundierenden Stellung und Funktion erforderlich ist.»[21]

Deutlich wurde das Ringen um Klarheit im Kontext der «Gemeinsamen Erklärung zur Rechtfertigungslehre» des Lutherischen Weltbundes und der Katholischen Kirche. Die dem Konsensdokument vorausgehende fast fünf Jahrhunderte andauernde Kontroverse über die Rechtfertigung kreiste um die Auslegung von Paulusstellen wie Röm 3,28: «Denn wir halten fest: Gerecht

---

18 *Adolf Schlatter*, Der Glaube im Neuen Testament, S. XVIf.
19 *Dieter Lührmann*, Glaube im frühen Christentum, S. 16.
20 *Reinhold Rieger*, Ungläubiger Glaube?, S. 35.
21 *Wilfried Härle* und *Reiner Preul*, Vorwort, S. VIII.

wird ein Mensch durch den Glauben, unabhängig von den Taten, die das Gesetz fordert.»[22] Luther fügte bekanntermaßen das Wort «allein» hinzu: Der Mensch wird gerecht «allein durch Glauben». Dass Luther daraus keineswegs den Schluss zog, dass die Glaubenden ohne Gehorsam und ohne gute Werke selig werden, zeigt in aller Deutlichkeit ein früher Brief an seinen engen Freund Georg Spalatin aus dem Jahr 1516: «Denn wir werden nicht, wie Aristoteles meint, dadurch gerecht, dass wir das Rechte tun, es sei denn auf heuchlerische Weise, sondern dadurch, dass wir [...] Gerechte werden und sind, tun wir das Rechte. Zuerst ist es notwendig, dass die Person geändert wird, dann [folgen] die Werke.»[23] Die gleichen Gedanken veröffentlichte er auch in seinem «Sermon von den guten Werken» und in der Programmschrift «Von der Freiheit eines Christenmenschen» (1520).

In der damaligen Auseinandersetzung wurde diese Position allerdings nicht verstanden, und noch Jahrzehnte später verwarf man die Formel «allein durch Glauben». Glaube ist nach Meinung der Väter des Trienter Konzils die Zustimmung zur Lehre der Kirche (Denzinger/Schönmetzer, Nr. 1526) und steht als «Fundament und Wurzel» (*fundamentum et radix*) am Beginn der Rechtfertigung (DS 1532). Ohne Hoffnung und Liebe ist er allerdings defizitär und führt nicht zu einer völligen Vereinigung mit Christus (DS 1531). Erst durch die Taufe erfolgt die eigentliche Rechtfertigung (DS 1528f.). Vor diesem Hintergrund erst kann der Fortschritt des Dialogs historisch und theologisch angemessen gewürdigt werden. Die Gemeinsame Erklärung kommt nämlich zum die beiden Konfessionen verbindenden Bekenntnis, «dass der Sünder durch den Glauben an das Heilshandeln Gottes in Christus gerechtfertigt wird»; Glaube wird hier verstanden als das Vertrauen «auf Gottes gnädige Verheißung». Dieser vertrauende Glaube bedarf keiner Ergänzung, denn «alles, was im Menschen dem freien Geschenk des Glaubens vorausgeht und nachfolgt, ist nicht Grund der Rechtfertigung und verdient sie nicht» (GE 25). Die Beurteilung der Konsensformel zur «Rechtfertigung durch Glauben und aus Gnade» klafft auseinander: Anerkennen die einen «ein bemerkenswert hohes Maß an Übereinstimmung»[24] und (trotz des fehlenden Stichworts «allein») eine sachliche Übereinstimmung mit dem reformatorischen *sola fide*,[25] notieren andere gravierende Differenzen zwischen dem lutherischen und katholischen Glaubensverständnis.[26]

---

22 Die Übersetzung der biblischen Belege folgt meist der Zürcher Bibel (Ausgabe 2007).

23 *Martin Luther*, Brief an Georg Spalatin vom 19. Oktober 1516, WA.Br 1, S. 70.

24 *Wolfhart Pannenberg*, Die Gemeinsame Erklärung, S. 289.

25 *Wolfhart Pannenberg*, Die Gemeinsame Erklärung, S. 290.

26 *Joachim Ringleben*, Der Begriff des Glaubens in der «Gemeinsamen Erklärung zur Rechtfertigungslehre». Vgl. das Urteil von *Eberhard Jüngel*, Das Evangelium von der Recht-

Es ist wichtig zu sehen, dass die mühsam erarbeiteten ökumenischen Erträge der «lehramtlichen Instanzen» maßgeblich auf akademischer Ebene vorbereitet wurden, wo seit dem Zweiten Vatikanum die methodischen Differenzen zwischen katholischer und evangelischer Exegese weithin nivelliert sind. Im Fall von Röm 3,28 betonen katholische Exegeten fast einhellig, dass das ganze Gewicht des Satzes auf dem Ausdruck «durch den Glauben» liege;[27] «die deutsche Übersetzung ‹allein durch den Glauben› ist ganz exakt im Sinne des Paulus.»[28]

Forschungsgeschichte

Wenn unter den jeweiligen Dimensionen des Glaubens zunächst einige theologie- und forschungsgeschichtliche Perspektiven anzeigt werden,[29] hat dies zweierlei Gründe:

Zum einen erweist sich darin die Kontingenz jeglichen exegetischen Arbeitens, die individuelle Abhängigkeit von übergeordneten Notwendigkeiten. Ebenso wie Albert Schweitzers berühmte Untersuchung zum «Leben Jesu» zeigte, dass sich die Entwürfe der Jesus-Bilder vornehmlich aus Projektionen von Idealen des jeweiligen zeitgeschichtlichen und kulturellen Kontextes und der jeweiligen Forscherpersönlichkeit zusammensetzen, so drängt sich analog beim paulinischen Glaubensverständnis der Eindruck auf, dass auch hier die geistige Atmosphäre einer Epoche und die individuelle Frömmigkeit die Exegese der paulinischen Stellen zum Glauben prägt. Positiv gewendet könnte man sagen, dass jeder Entwurf für sich ein Spezifikum der paulinischen *pistis* einschärft und darin eine *particula veri* formuliert.

Das solchermaßen ideologiekritische Interesse der forschungsgeschichtlichen Einordnung wird ergänzt durch eine erkenntnistheoretische Absicht: In der Mehrzahl der Forschungspositionen kommt explizit oder implizit die spezifische Fragestruktur in den Blick, die der Frage nach dem Wesen des Glaubens innewohnt. Sie gehört in den Umkreis derjenigen Fragen, die den Menschen in seinem Menschsein selbst angehen. Man könnte sagen, dass sich in dieser Frage die individuelle Abhängigkeit von übergeordneten Bedürfnissen ausdrückt und dass zum Einblick in diese Frage nicht bloß Wissensdurst

---

fertigung des Gottlosen, S. XVIII: In der «Gemeinsamen Erklärung» seien «entscheidende Einsichten der Reformation entweder verdunkelt oder ganz preisgegeben worden».

27 Vgl. *Joseph A. Fitzmyer*, Romans, S. 363.

28 *Otto Kuss*, Der Römerbrief, S. 177.

29 Vgl. die bei *Benjamin Schließer*, Abraham's Faith in Romans 4, S. 7–78, besprochene Literatur.

oder historisches Interesse, sondern «ein bestimmter Einsatz von mir gefordert ist, wenn ich mich auf sie einlasse»[30].

Blickt man auf die Anfänge der historischen Erforschung des paulinischen Glaubensbegriffs, sind die Arbeiten zweier Exegeten maßgeblich und wegweisend: Adolf Schlatters Monographie «Der Glaube im Neuen Testament» und Rudolf Bultmanns Artikel im «Theologischen Wörterbuch zum Neuen Testament» (1955). Im Jahr 1882 ging dem Berner Privatdozenten Adolf Schlatter die Mitteilung der Haager Gesellschaft zur Verteidigung der christlichen Religion zu, dass sie einen Preis für eine Abhandlung zum Thema «Glaube und Glauben im Neuen Testament» ausgeschrieben habe. Im Rückblick erinnert sich Schlatter, er habe diese Nachricht mit dem Gedanken gelesen, «auf die hier gestellte Frage dürfe nicht der Schein fallen, dass sie unbeantwortbar sei; eine Theologie und Christenheit, die nicht mehr wisse, was das Neue Testament Glaube nenne, wäre tot».[31] Die sodann mit dem ersten Preis ausgezeichnete Arbeit erfuhr insgesamt sechs Auflagen und prägt die exegetische Diskussion bis heute – «angesichts der Kurzlebigkeit theologischer Produktion eine erstaunliche Sache»[32]. Man kann der Einschätzung Peter Stuhlmachers durchaus zustimmen, dass Schlatters Untersuchung in ihrer «systematischen Geschlossenheit und historischen Präzision [...] bis heute unübertroffen» ist.[33]

Einzig Rudolf Bultmanns Darstellung des neutestamentlichen Glaubensbegriffs kann sich mit der Schlatters «im Niveau der Argumentation und der Treffsicherheit der Formulierung» messen.[34] Bultmann hat sich vornehmlich in seiner «Theologie des Neuen Testaments» (1948–1955) und im erwähnten Wörterbuchartikel (1955), aber auch in zahlreichen Aufsätzen mit dem Thema «Glauben» auseinandergesetzt. Seine knappen und in schlichter Sprache abgefassten, aber keineswegs einfach zu verstehenden Ausführungen weisen bemerkenswerte und überraschende inhaltliche Analogien zu Schlatters Erstlingswerk auf.

---

30 *Gerhard Ebeling*, Das Wesen des christlichen Glaubens, S. 8.
31 *Adolf Schlatter*, Rückblick auf meine Lebensarbeit, S. 100.
32 *Dieter Lührmann*, Glaube im frühen Christentum, S. 15.
33 *Peter Stuhlmacher*, Zum Neudruck von Adolf Schlatters «Der Glaube im Neuen Testament», S. VIII.
34 *Peter Stuhlmacher*, Zum Neudruck von Adolf Schlatters «Der Glaube im Neuen Testament», S. VIII.

Exegese

Abgesehen von der punktuellen Belebung des Glaubensdiskurses in der ökumenischen Auseinandersetzung fällt auf, dass der Glaube trotz seiner Bedeutung v. a. bei Paulus auch in der neutestamentlichen Exegese ein Schattendasein führt. Neuere Veröffentlichungen zum Thema sind Mangelware – sieht man von einigen breit diskutierten Spezialfragen ab[35]; auch in Gesamtdarstellungen der paulinischen Theologie wird der Glaube meist als Nebenthema unter der Rubrik «Rechtfertigung» verhandelt.

Dabei gäbe es zu Rhetorik, Theologie und Sinngeschichte der *pistis* bei Paulus einiges zu sagen. Er war sich der inneren Beweglichkeit und des Schillerns des Begriffs bewusst und machte sie seiner Absicht zunutze. Wie im gegenwärtigen ist auch im antiken Sprachgebrauch der Ausdruck keineswegs so eindeutig, wie man es oft annimmt. Das Spektrum der *pistis* reicht von der Bedeutung «Treue» (Röm 3,3: «Treue Gottes»[36]; Gal 5,22) bis hin zur Verwendung im Sinne eines umfassenden Äquivalents für die christliche Bewegung (Gal 1,23). An weiteren Stellen liegt kein unmittelbar religiöser Sinn vor, wie in Röm 14,2.22 («überzeugt sein»/«Überzeugung») oder 1Kor 13,7 (die Liebe «glaubt alles»). Nennenswert sind auch die zahlreichen paulinischen Wendungen, in denen *pistis* (zumeist als Genitiv) begegnet und die seinen Leserinnen und Lesern schon viel Kopfzerbrechen bereitet haben: «Glaubensgehorsam» (Röm 1,5; 16,26), «Glaubensgesetz» (Röm 3,27), «Glaubensgerechtigkeit» (Röm 4,11), «Glaubensanalogie» (Röm 12,3), «Glaubenswort» (Röm 10,8), «Glaubensverkündigung» (Gal 3,2.5), «Geist des Glaubens» (2Kor 4,13), «Christusglaube» (Röm 3,22.26; Gal 2,16.20; 3,22; Phil 3,9) und «aus Glauben zu Glauben» (Röm 1,17). Von beträchtlicher kirchengeschichtlicher und systematisch-theologischer Relevanz sind, wie bereits angedeutet, die paulinischen Perspektiven auf den Ort des Glaubens im Menschen, auf Wesen und Weisen des Glaubens, auf sein Gegenüber, auf seine Konstitutionsbedingungen, auf seine Verhältnisbestimmungen zu Christus, zum Wort bzw. zur Verkündigung, zu Gesetz und Werken, zur Rechtfertigung.

Rudolf Bultmann spricht zu Recht von zwei verschiedenen Perspektiven, die man bei der Analyse des Glaubens beachten muss: «Es ist zu unterscheiden, ob man vom menschlichen Gesichtspunkt oder vom Gesichtspunkt des Glaubens über die *pistis* Aussagen macht. Vom Menschen her gesehen ist der

---

35 Ein prominentes Beispiel ist der nun schon einige Jahrzehnte andauernde Streit um die Bedeutung der Wendung *pistis Christou* («Christusglaube»), der v. a. im angelsächsischen Raum geführt wird (s. u. S. 34–39, 97–99).

36 *Karl Barth* übersetzt auf unkonventionelle Weise eine Reihe weiterer *pistis*-Belege mit «Treue» (z. B. Röm 1,5; 1,17; vgl. *ders.*, Der Römerbrief, S. 3, 11).

Glaube ein Akt des Willens, eine Entscheidung, die Annahme der Einladung Gottes. Vom Gesichtspunkt des Glaubens aus ist der Glaube ein Geschenk Gottes.»[37] Wenngleich man sich mit seiner ausschließlichen Verortung des Glaubens im Bereich des Willens nicht zufriedengeben kann, so lenkt er die Aufmerksamkeit doch auf eine notwendige Unterscheidung. Je nach Perspektive kommt man zu voneinander abweichenden Aussagen.

Stellt man sich auf den anthropologischen Standpunkt, dann erscheint der Glaube als eine Erkenntnisweise oder Bewusstseinsprägung mit unterschiedlicher inhaltlicher Füllung. Adolf Schlatter formuliert in der Einleitung seiner Monographie: «Glaube ist ein inneres Geschehn» und kann als solches «vom übrigen seelischen Geschehen abgegrenzt und fixiert werden.»[38] Die Frage, ob bzw. wie sich das Glaubensgeschehen von den (anderen) seelischen Vorgängen abhebt oder ob es in (einem von) ihnen aufgeht, wird verschieden beantwortet.

Wie schon ihr Aufbau nahelegt, überprüft die vorliegende Studie anhand der Paulustexte folgende Aussage: «Der anthropologische Ort des Glaubens kann also nicht in *einem* der Seelenvermögen, sondern nur in deren Gesamtzusammenhang gesucht werden. D. h., als anthropologischer Ort des Glaubens kommt nur die Dreiheit von Gefühl, Vernunft und Wille in ihrer gegenseitigen Durchdringung und in der damit gegebenen (zirkulären) Einheit in Frage.»[39] Die Gefahr dieses Zugangs liegt freilich in einer psychologisierenden, intellektualisierenden oder voluntativen Engführung des Glaubensbegriffes – also darin, dass es zu einem anthropologischen «Missverständnis» kommt.[40] Davor warnt auch Gerhard Ebeling, wenn er feststellt: «Der Glaube betrifft viel radikaler den Menschen, als dass er, wie man es bei jener schlechten Psychologisierung des Glaubens meint, seinen Ort hätte in irgendwelchen partiellen und sekundären Schichten seines Wesens, in irgendwelchen Fähigkeiten des Menschen wie Erkenntnisvermögen oder Wille oder Gefühl.»[41]

Diesem Missverständnis kann man begegnen, indem man den Glauben vom «Standpunkt des Glaubens» und damit vom Christusgeschehen her denkt. Aus einer solchen Betrachtungsweise sind dezidiert theologische Aussagen zu erwarten wie: «Der Glaube hat keine Geschichte, wohl aber bestimmt er Ge-

37 *Rudolf Bultmann*, Erziehung und christlicher Glaube, S. 53.
38 *Adolf Schlatter*, Der Glaube im Neuen Testament, S. XVII, XIV.
39 *Wilfried Härle*, Dogmatik, S. 68. Vgl. *W. H. P. Hatch*, The Pauline Idea of Faith, S. 35: «[F]aith is from the beginning much more than belief or conviction, for it involves the feelings and the will as well as the intellect.»
40 *Eberhard Jüngel*, «Theologische Wissenschaft und Glaube», S. 19.
41 *Gerhard Ebeling*, Das Wesen des christlichen Glaubens, S. 109.

schichte.»[42] Oder in den drastischen Worten Johann Georg Hamanns: «Glaube ist nicht jedermanns Ding, und auch nicht communicable wie eine Ware, sondern das Himmelreich und die Hölle in uns.»[43] Dieser Ansatz birgt die Gefahr, den Glauben der Wirklichkeit und der Welt zu entheben und ihn abzukoppeln von erkenntnistheoretischen, hermeneutischen oder humanwissenschaftlichen Annäherungen. Das Gespräch über den Glauben wird so zum Binnendiskurs aus der Theologie für die Theologie und geht Gesprächspartnern aus anderen Diskursen verlustig.

Es kann nicht sinnvoll sein, die Betrachtung des Glaubens auf einen der beiden Standpunkte zu reduzieren. Der Glaube ist eine anthropologische Kategorie, geht in dieser Bestimmung aber keineswegs auf. Er ist nicht jenseits von allgemein-menschlichen Konstanten zu beschreiben, aber zugleich markiert er einen qualitativen Sprung, der wie im Fall des Paulus zu einer «rigorosen Umwertung aller bisherigen Werte und Ideale (Phil 3,7–11)» führen kann.[44] Es wird sich zeigen, dass auch Paulus in seiner Rede vom Glauben immer zugleich vom Menschen und von Gott her denkt.

Bultmanns existentiale Interpretation richtet sich ganz auf das gläubige Subjekt und räumt der Welt- und Heilsgeschichte lediglich eine Randstellung ein: «Die entscheidende Geschichte ist nicht die Weltgeschichte, die Geschichte Israels und der anderen Völker, sondern die Geschichte, die jeder Einzelne selbst erfährt.»[45] Damit ist aber, was die *pistis* angeht, «eine radikale Individualisierung gesetzt: Die Botschaft trifft den Einzelnen und isoliert ihn.» «Der Glaube führt in die Vereinzelung.»[46] Diese Linie kann bis in die autobiographischen «Bekenntnisse» Augustins zurückverfolgt werden, welcher Gott preist für «*meinen* Glauben, den du mir gegeben hast».[47] Im Gegensatz dazu stehen beispielsweise die Erwägungen Karl Barths zum Individualismus eines solchen «Ich-Glaubens.» Er kritisiert, «dass der Christ in den letzten Jahrhunderten (auf dem weiten Weg vom alten Pietismus bis hin zu dem an Kierkegaard sich inspirierenden theologischen Existentialismus der Gegenwart) begonnen hat, sich selbst in einer Weise ernst zu nehmen, die dem Ernst des Christentums durchaus nicht angemessen ist».[48] Schon früh zeichnete sich der Dissens zwischen Bultmann und Barth in dieser Frage ab. In seinem Römerbriefkommentar schreibt Barth: «Nirgends ist er [*sc.* der

---

42 *Reinhard Slenczka*, Art. Glaube, S. 319.
43 Zitiert bei *Oswald Bayer*, Autorität und Kritik, S. 115.
44 *Martin Hengel*, Der vorchristliche Paulus, S. 290.
45 *Rudolf Bultmann*, Geschichte und Eschatologie im Neuen Testament, S. 102.
46 *Hans Conzelmann*, Grundriss der Theologie des Neuen Testamentes, S. 193, 243.
47 *Augustin*, Confessiones 1,1.
48 *Karl Barth*, KD 4/1, S. 828.

Glaube] identisch mit der historischen und psychologischen Anschaulichkeit des religiösen Erlebnisses. Nirgends reiht er sich ein in die kontinuierliche Entwicklung menschlichen Seins, Habens und Tuns.»[49] Bultmann entgegnet, dass Barth die Paradoxie des Glaubens überspanne: «Ist der Glaube, wenn er von jedem seelischen Vorgang geschieden, wenn er *jenseits des Bewusstseins* ist, überhaupt noch etwas Wirkliches? Ist nicht das ganze Reden von diesem Glauben eine Spekulation, und zwar eine absurde? Was soll das Reden von meinem ‹Ich›, das nie mein Ich ist? Was soll dieser Glaube, von dem ich höchstens glauben kann, dass ich ihn habe?»[50]

Ein erster exegetischer Ansatz, diesen scheinbar unvereinbaren Positionen zu begegnen, liegt darin, den Blick auf einige sprachliche Besonderheiten in Paulus' Rede vom Glauben zu lenken. Ernst Lohmeyer stellt zu Recht fest, dass «ein merkwürdiger Sprachgebrauch [...] die paulinischen Gedanken über den Glauben» kennzeichnet.[51] Zunächst sticht die Dominanz des Substantivs «Glaube» gegenüber dem Verb «glauben» heraus. Sodann fällt auf, dass das Nomen «Glaube» meist absolut bzw. in Verbindung mit «Christus» steht und recht selten mit Possessivpronomen erscheint: «sein Glaube» findet sich nur in Bezug auf Abraham (Röm 4,5.12.16), einmal äußert Paulus den Wunsch, «in eurer Mitte gemeinsam mit euch ermutigt zu werden durch unseren ge-meinsamen Glauben, den euren wie den meinen» (Röm 1,12), und an einer weiteren Stelle erwähnt er den Glauben, den Philemon hat («dein Glaube», Phlm 5–6); häufiger verweist Paulus auf «unseren Glauben». Was das Verb angeht, sagt Paulus an *keiner* Stelle «ich glaube».[52] In all dem drückt sich eine Tendenz aus, den Glauben nicht zu beschränken auf eine individuelle «Tat und Gesinnung des Herzens»[53]. Gleichwohl ist das «Ich» des Glaubens deut-lich im Blick, und zwar vor allem dort, wo Paulus den Einzelnen in die Ge-meinschaft der «Glaubenden»[54] stellt und sich selbst in diese Gemeinschaft einreiht («unser Glaube»[55], «wir glauben» bzw. «wir kamen zum Glauben»[56]).

---

49 *Karl Barth*, Der Römerbrief, S. 111.
50 *Rudolf Bultmann*, Karl Barths ‚Römerbrief', S. 130.
51 *Ernst Lohmeyer*, Grundlagen paulinischer Theologie, S. 115.
52 Vgl. allerdings das Zitat aus Ps 116,10 in 2Kor 4,13. In der Bekenntnisformel Röm 10,9 erscheint «du glaubst» und in Bezug auf das Schriftzitat Gen 15,6 sagt Paulus: «er [bzw. Ab-raham] glaubte» (Röm 4,3.17.18; Gal 3,6).
53 *Ernst Lohmeyer*, Grundlagen paulinischer Theologie, S. 117.
54 Das Partizip «die Glaubenden» verwendet Paulus in Röm 3,22; 4,11.24; 1Kor 1,21; 14,22 (2-mal); Gal 3,22; 1Thess 1,7; 2,10.13; vgl. 2Thess 1,10 (2-nal); 2,12.
55 Röm 1,8.12; 1Kor 2,5; 15,14.17; 2Kor 1,24; 10,15; Phil 2,17; 1Thess 1,8; 3,2.5.6.7.10.
56 Röm 6,8; 2Kor 4,13; 1Thess 4,14: «wir glauben»; Röm 13,11; Gal 2,16: «wir kamen zum Glauben»; vgl. 1Kor 3,5; 15,2.11: «ihr glaubt»; Röm 10,14: «sie glauben».

Ferner ist zu denken an die Wendungen «jeder, der glaubt»[57] bzw. «alle, die glauben»[58] und «der, der aus Glauben ist»[59] bzw. «die, die aus Glauben sind»[60]. Schon allein der Sprachgebrauch macht deutlich, dass keine Rede sein kann von einer «isolierenden» Auffassung des Glaubens bei Paulus. Ebenso wenig bleibt der Glaube auf ein paradoxes «Ich glaube, dass ich glaube» reduziert. Vielmehr vereint der paulinische Glaubensbegriff drei grundlegende Perspektiven: Er ist vom Einzelnen zu vollziehender Lebensakt (subjektiv), Identität stiftendes Kennzeichen einer Gemeinschaft (intersubjektiv bzw. ekklesiologisch) und in seiner Verbindung zum Christusereignis heilsgeschichtliches Phänomen (transsubjektiv). Diese drei Dimensionen teilt sich sein Glaubensbegriff mit seinem Versöhnungsgedanken (vgl. nur Röm 8,18–25; 11,15; 2Kor 5,19)[61] und seiner Rechtfertigungslehre (vgl. nur Röm 1,17; 3,21).[62]

Verstehenshorizont

Die Rubrik «Verstehenshorizont» trägt wichtigen Einsichten der kognitiven Semantik Rechnung, derzufolge nicht nur der unmittelbare literarische Kontext für die Bedeutung von Worten ausschlaggebend ist, sondern auch das sogenannte enzyklopädische Wissen, das durch Erfahrung und Lernen angeeignet wird und das Autor und Rezipienten (vermeintlich) teilen. Die Rede vom «Glauben» evoziert ein Geflecht von Vorstellungen, Bildern und Eindrücken, die eingebettet sind in ein spezifisches kulturelles Milieu und die dem Wort «Glaube» Bedeutung verleihen. Einem Text ist immer eine intertextuelle Qualität eigen, die der Autor eingeschränkt steuern kann, und er setzt umgekehrt eine intertextuelle Kompetenz seitens der Rezipienten voraus: «Kein einziger Text wird unabhängig von den Erfahrungen gelesen, die aus anderen Texten gewonnen wurden.»[63] Dadurch wird die «Aktivität der Mitarbeit» gefordert, «durch die der Empfänger dazu veranlasst wird, einem Text das zu entnehmen, was dieser nicht sagt (aber voraussetzt, anspricht, beinhaltet und miteinbezieht), und dabei Leerräume aufzufüllen und das, was sich im Text befindet, mit dem intertextuellen Gewebe zu verknüpfen, aus

---

57 Röm 1,16; 10,4.11; vgl. Apg 13,39.
58 Röm 3,22; 4,11; 1Thess 1,7; vgl. 2Thess 1,10 (2-mal).
59 Röm 3,26; 4,16
60 Gal 3,7.9.
61 *Ulrich H. J. Körtner*, Für uns gestorben?, S. 217: «Bei Paulus ist auch bemerkenswert, dass sein Versöhnungsgedanke nicht [...] auf das Seelenheil des Einzelnen gerichtet ist, sondern dass das Versöhnungsgeschehen bei ihm eine soziale und eine kosmische Dimension hat».
62 Vgl. *Ernst Käsemann*, Gottesgerechtigkeit bei Paulus.
63 *Umberto Eco*, Lector in fabula, S. 101.

dem der Text entstanden ist und mit dem er sich wieder verbinden wird».[64] Solche Mitarbeit ist abhängig von einer überkulturellen Kernbedeutung eines Begriffs, vom sozialen und kulturellen Kontext sowie vom Bildungs- und Wissensstand und den Erfahrungen und Erwartungen der Rezipienten. Paulus' Rede vom Glauben ist eingebunden in ein «intertextuelles Gewebe», und zunächst gilt für seinen Glaubensbegriff, was für alle zentralen Begriffe des paulinischen Denkens zutrifft: Sie haben «eine jüdische und eine griechische Geschichte, die es gleichermaßen zu erheben und zu berücksichtigen gilt».[65] Neben der Betrachtung der pagan-griechischen und alttestamentlich-jüdischen Geschichte des Glaubens bei Paulus ist auch eine Unterscheidung zu treffen zwischen seinen eigenen Sprachvoraussetzungen einerseits und dem Verstehenshorizont des Glaubensbegriffs bei seinen Adressaten andererseits. In welcher Vorstellungs- und Denkwelt gründet sein eigenes Denken und Reden vom Glauben und welche Assoziationen ergaben sich bei den Rezipienten seiner Briefe? Kommunikation wird dann als gelungen erlebt, wenn beide Akteure, Autor und Rezipient, einen gemeinsamen «geistigen Raum» finden, in dem sich Verständigung und Einverständnis ereignen; dabei ist neben individuellen Bewusstseinsstrukturen und kulturellen Prägungen auch die Sozialität der Akteure relevant, wenn Kommunikation nicht auf einen einzelnen Akt beschränkt bleibt, sondern Interaktion stattfindet. Paulus tauchte auf seinen Missionsreisen in verschiedene Sprach- und Kulturmilieus ein, trat intensiv in persönliche und schriftliche Kommunikationssituationen, ging schöpferisch mit dem kulturellen Repertoire seiner Adressaten um und verstand es, seine eigene kulturelle und geistige Prägung zu kontextualisieren. Nur durch eine auf solche Art praktizierte Inkulturation des Evangeliums bei zugleich reflektierter Adaption anderer Traditionen erreichte seine «Glaubensbotschaft» eine derart hohe Anschlussfähigkeit.

Paulus selbst gehörte zu einer jüdischen Gemeinschaft der Diaspora und besaß wohl römisches Bürgerrecht. Seine Griechischkenntnisse lassen darauf schließen, dass er seine jüdische Elementarausbildung in Tarsus erhalten hatte.[66] Die theologische Ausbildung und weitere prägende Einflüsse empfing er in Jerusalem, im religiösen, nationalen und kulturellen Zentrum des Judentums.[67] Der für seine Theologie und damit für sein Glaubensverständnis entscheidende Traditionshintergrund ist das Judentum. Auch und gerade in Paulus' Rede vom Glauben macht sich das alttestamentlich-jüdische Erbe

---

64 *Umberto Eco*, Lector in fabula, S. 5.
65 *Udo Schnelle*, Historische Anschlussfähigkeit, S. 64.
66 Vgl. *Martin Hengel*, Der vorchristliche Paulus, S. 233.
67 Vgl. *Karl-Wilhelm Niebuhr*, Heidenapostel aus Israel, S. 48.

geltend: Er schließt sich primär an den Sprachgebrauch der Septuaginta an, der griechischen Übersetzung des «Alten Testaments», das in weiten Teilen des Urchristentums verwendet wurde. Zwischen dem hebräisch abgefassten Alten Testament und dessen griechischen Übersetzung besteht eine bemerkenswerte Kongruenz: «Die griechischen Wörter *pistis* und *pisteuein* sowie der ganze Stamm *pist-* entsprechen hier [*sc.* in der Septuaginta] mit ungewöhnlicher Konstanz Wörtern vom hebräischen und aramäischen Stamm *'mn*, zu dem auch das bis in unsere liturgische Sprache reichende *Amen* gehört.»[68] Die Grundbedeutung des Stammes *'mn* wirkte über die griechische Übersetzung und durch sie hindurch auf den Sprachgebrauch des Neuen Testaments ein: «Glauben heißt im Hebräischen ‹sich fest machen in Jahwe›»[69] und meint die «Betätigung der innerlichen Festigkeit durch Zuversicht und Vertrauen»[70]; wer glaubt, gewinnt eine «feste Beständigkeit»[71].

Doch eine exklusive Herleitung aus dem Alten Testament im Sinne eines bruchlosen und kontinuierlichen Sich-Entfaltens wäre nicht zutreffend: Während das Gottesverhältnis dort mit einer Reihe weiterer Wörter bezeichnet wird, entwickelt sich der Glaube im frühen Christentum zur wesentlichen und umfassenden Bezeichnung für das Gottesverhältnis. Dieses analogielose Phänomen ist nicht zuletzt auf Paulus zurückzuführen, der an zentralen Argumentationsgängen im Römer- und Galaterbrief *eine* prominente alttestamentliche Belegstelle zum Glauben herausgreift – Gen 15,6 – und so mittels einer «Wesensbeschreibung des Glaubens Abrahams»[72] zu einer fassbaren und äußerst wirkungsvollen Beschreibung seines Glaubensverständnisses gelangt. Doch spiegelt sich selbst im Rekurs auf die Gestalt des Abraham ein zweites charakteristisches Unterscheidungsmerkmal zum alttestamentlich-jüdischen Umfeld wider: Glaube steht für Paulus nicht nur für die umfassende Bezeichnung der Gottesbeziehung, sondern ist zugleich unlösbar auf Jesus Christus bezogen: «Der Glaube ist, was er ist, weil es Christus gibt.»[73] Von dieser Neubestimmung des Glaubens aus erklärt sich die eigenständige Weiterentwicklung des Glaubensbegriffs im frühen Christentum. Sie wird schon formal greifbar in der erstaunlichen Häufigkeit der Belege wie auch in neuartigen präpositionalen Konstruktionen wie «glauben an/in» oder in der Genitivverbindung «Christusglaube», die durchweg in Bezug auf Christus Verwendung

68 *Dieter Lührmann*, Glaube im frühen Christentum, S. 31. Vgl. bereits *Adolf Schlatter*, Der Glaube im Neuen Testament, S. 60.

69 *Gerhard von Rad*, Theologie des Alten Testaments 1, S. 185.

70 *Adolf Schlatter*, Der Glaube im Neuen Testament, S. 557.

71 *Martin Buber*, Zwei Glaubensweisen, S. 681.

72 *Jürgen Roloff*, Abraham im Neuen Testament, S. 247.

73 *Jürgen Becker*, Paulus, S. 439.

finden.[74] Daneben fällt die Selbstverständlichkeit auf, mit der Paulus vom Glauben spricht, scheinbar ohne sich zu einer näheren Definition oder Begriffsklärung genötigt zu fühlen. Man hat vermutet, dass die Wurzeln seines Sprachgebrauchs nach Antiochien weisen; in der dortigen hellenistisch-jüdisch geprägten Gemeinde seien die Grundlagen für das Verständnis und den kreativen Umgang mit dieser Terminologie vorhanden gewesen.[75] Trifft diese Vermutung zu, ist zu erwarten, dass das kulturelle Milieu dieses «melting pot» sich ebenfalls auf das semantische Repertoire der Glaubensterminologie auswirkte, zusätzliche Nuancen eintrug und zur Beweglichkeit und Polyphonie der Rede vom Glauben bei Paulus beisteuerte.

Damit eröffnet sich ein weiterer Problemkreis, der zu einer beachtenswerten wissenschaftlichen Debatte führte: Wie wurde der Stamm *pist-* in der pagan-griechischen Sprachwelt außerhalb des Judentums verwendet? Gibt es Texte aus vorchristlicher Zeit, die unbeeinflusst von jüdischem Denken das Gottesverhältnis mit diesem Wortfeld umschreiben? Falls ja: Findet dieser Sprachgebrauch einen Widerhall in den neutestamentlichen Schriften, in den Briefen des Paulus? Lange Zeit war Richard Reitzensteins Urteil unangefochten, dass *pistis* ein «Schlagwort der Propaganda treibenden Religionen» war und das Christentum darum sowohl an jüdische wie pagane Missionstätigkeit und Propaganda anknüpfen konnte.[76] Gestützt hat Reitzenstein seine Behauptung durch «ein paar rasch zusammengeraffte Beispiele»[77]. Dieser zunächst spärlich belegten, aber fast schon kanonisch gewordenen These der Religionsgeschichtlichen Schule hat seit den 1970er Jahren Dieter Lührmann in einer Reihe von Veröffentlichungen vehement widersprochen. «Glaube» sei nicht im allgemeinen religiösen Sprachgebrauch der damaligen Zeit zu finden und keinesfalls eine verbreitete Kategorie der Religionsphänomenologie im Umfeld der frühen Christenheit. In der nichtjüdischen hellenistischen Literatur gebe es keinen religiösen Gebrauch des Stammes *pist-*, und die zum Beleg der genannten religionsgeschichtlichen These angeführten Verweisstellen seien – sofern sie überhaupt vom «Glauben» redeten – allesamt beeinflusst von der jüdisch-christlichen Sprachtradition. *Pistis* und *pisteuein* sind für Lührmann also Worthüllen, die ihre inhaltliche Füllung ausschließlich

---

74 Vgl. *Gerhard Ebeling*, Jesus und Glaube, S. 220 Anm. 28.

75 *Jürgen Becker*, Paulus, S. 438.

76 *Richard Reitzenstein*, Die hellenistischen Mysterienreligionen, S. 234–236.

77 *Richard Reitzenstein*, Die hellenistischen Mysterienreligionen, S. 234. *Erwin Wissmann*, Das Verhältnis von ΠΙΣΤΙΣ und Christusfrömmigkeit, S. 43–47, und *Rudolf Bultmann*, πιστεύω κτλ., S. 180f. fügten zu den von Reitzenstein genannten sechs Beispielen weitere hinzu, v. a. jedoch hermetische, manichäische und mandäische Texte, die von jüdisch-christlicher Sprachentwicklung beeinflusst und so spät sind, dass sie nicht als Belegstellen taugen.

dem Hebräischen zu verdanken haben, sprachgeschichtlich vermittelt v. a. durch Jesus Sirach und Philo. Sie seien also schlicht «Bedeutungslehnwörter»[78] und zudem «Begriffe des internen Sprachgebrauchs»[79], die «in der Sprache der Mission [...], im Judentum wie im Christentum» nicht angesiedelt seien.[80] Nachdem Lührmanns Gegenentwurf zunächst zustimmend aufgenommen worden war,[81] konnte er sich in der Folgezeit aufgrund von neu beigebrachten Belegen aus dem hellenistischen Schrifttum nicht mehr in der vorgetragenen Zuspitzung halten.[82] Religiöser Gebrauch von *pistis* war auch im nichtjüdischen Hellenismus verbreitet und geläufig[83] und nicht auf eine interne jüdisch-christliche Verwendung beschränkt. Insbesondere Plutarch (ca. 45–125 n. Chr.), Zeitgenosse des Paulus, Philosoph und zeitweilig Priester am Apollotempel in Delphi kann als Zeuge dafür gelten, wie facetten- und beziehungsreich damals vom Glauben in einem religiösen Sinn gesprochen wurde und welche Bedeutung er für das Verständnis religiösen Lebens annehmen konnte. «Das Frühchristentum gebrauchte auch hier eine Sprache, die der heidnische Hörer verstehen konnte.»[84]

Als Ertrag dieser Debatte kann festgehalten werden, dass einseitige Zuschreibungen und Kontextualisierungen nicht angemessen sind; die primäre und inhaltlich prägende sprachliche Verwurzelung der Glaubensterminologie ist im Judentum zu suchen, eine sekundäre in der pagan-hellenistischen Sprachwelt. Neuerdings wird noch ein dritter Kontext zur Erhellung der paulinischen Rede vom Glauben herangezogen, «einer, der, über den Aspekt rein sprach- und traditionsgeschichtlicher Einflüsse hinausgehend, die Dimension soziokultureller Konventionen sowie politischer Machtstrukturen und Interessen mit ins Kalkül zieht» – nämlich der Kontext der imperialen römischen Kultur.[85] «Angesichts der enormen Bedeutung der *fides* in der römischen Politik, Kultur und Gesellschaft» votiert beispielsweise Christian Strecker dafür, «sie als wichtigen Kontext bzw. Verstehenshorizont der *pistis*-Aussa-

---

78 Der Begriff geht zurück auf *Albert Debrunner*. Vgl. *Dieter Lührmann*, Pistis im Judentum, S. 24f. In diesem Aufsatz hat Lührmann seine These erstmals entfaltet und in folgenden Arbeiten weiterentwickelt und modifiziert.

79 *Dieter Lührmann*, Pistis im Judentum, S. 37.

80 *Dieter Lührmann*, Pistis im Judentum, S. 23; vgl. *ders.*, Glaube im frühen Christentum, S. 45.

81 Vgl. stellvertretend *Eduard Lohse*, Emuna und Pistis, S. 150f.

82 Lührmann selbst hat in einer späteren *retractatio* von einer «Verkürzung» gesprochen, bei der er «ertappt» worden sei (*ders.*, Glaube, Bekenntnis, Erfahrung, S. 22).

83 *Gerhard Barth*, Pistis in hellenistischer Religiosität, S. 123.

84 *Gerhard Barth*, Pistis in hellenistischer Religiosität, S. 126.

85 *Christian Strecker*, Fides – Pistis – Glaube, S. 228f.

gen des im Imperium Romanum wirkenden Paulus mit zu berücksichtigen».[86] Er geht davon aus, dass Bedeutungsmomente der römischen *fides* umfassend auf die griechische *pistis* übertragen wurden und dass die häufig behauptete Unvereinbarkeit zwischen beiden Konzepten nicht aufrechterhalten werden kann.

Welche inhaltlichen und sprachlich-formalen Linien nun sowohl aus den jüdischen wie auch aus nichtjüdischen griechischen, hellenistischen und römischen Texten und Vorstellungen zur Glaubensterminologie des Paulus zu ziehen sind, soll in den einzelnen Kapiteln unter der Überschrift «Verstehenshorizont» exemplarisch erörtert werden. Die Art und Weise, wie Paulus vom Glauben spricht, scheint dabei eine gewisse Einseitigkeit der These zu relativieren, derzufolge *alles*, was «an bleibenden ‹paganen Einflüssen› im frühen Urchristentum vermutet wurde, [...] durchweg auf jüdische Vermittlung zurückgehen» kann.[87] Vielmehr haben die ersten Christen sprachliche und kulturelle Gräben auch dadurch überbrückt, dass sie in ihrem missionarischen und didaktischen Wirken direkt auf das zeitgenössische kulturelle und semantische Repertoire zurückgegriffen, es kreativ weiterentwickelt und adressatenspezifisch angewandt haben – auch und gerade im Blick auf den Glauben. Bei allem Verbindenden bleibt jedoch ein «eklatantes ‹Mehr›» des frühchristlichen Redens vom Glauben, das weder aus dem Judentum noch aus dem Hellenismus noch aus der römischen Herrschaftsideologie abgeleitet werden kann.[88]

---

86 *Christian Strecker*, Fides – Pistis – Glaube, S. 238.

87 *Martin Hengel*, Geschichte des frühen Christentums 1, S. 22. Vgl. zum Ganzen *Jörg Frey*, Das Judentum des Paulus; *Udo Schnelle*, Historische Anschlussfähigkeit.

88 Vgl. dazu die hermeneutischen Überlegungen S. 116–118. – Ich greife in der Rubrik «Verstehenshorizont» v. a. auf die Vorarbeiten von *Adolf Schlatter, Rudolf Bultmann, Dieter Lührmann, Gerhard Barth, Axel von Dobbeler, Gerd Schunack* und *Christian Strecker* zurück.

2. Glaube als Identitätskriterium einer Gemeinschaft

Forschungsgeschichte

Schon Adolf Schlatter hob hervor, dass der Glaube Unterscheidungsmerkmal und Identitätsbegriff ist: Der Glaube hob sich «als das hervor, was den Unterschied zwischen denen macht, die in, und denen, die außer der Gemeinde sind. Nicht als die Genossenschaft der Hoffenden oder Liebenden oder Wissenden, sondern als die der Glaubenden trat sie [sc. die Gemeinde] auf.»[1] Schlatters Formulierung erinnert an zentrale Aussagen der sogenannte «New Perspective on Paul», die freilich andere Exegeten als Schlatter zu ihren Wegbereitern zählt (z. B. Albert Schweitzer). Die v. a. in der angelsächsischen Exegese verbreitete neue Sicht auf Paulus weist mit Nachdruck auf die soziologischen Voraussetzungen und Implikationen der paulinischen Lehre von der «Rechtfertigung aus Glauben» hin. Sie tut dies in Abgrenzung zu einer vermeintlich anthropozentrischen und antijüdischen Paulusinterpretation, die ihren Ausgangspunkt bei Augustin nehme und über Luthers Frage nach dem individuellen Heil in Bultmanns existentialer Hermeneutik kulminiere.

So polemisierte Krister Stendahl scharf gegen die Innerlichkeit und Introspektive der westlichen Geistesgeschichte seit Augustin und bezeichnet sie als «Western plague»[2]. Paulus' Rechtfertigungslehre sei keine Polemik gegen jüdische Werkgerechtigkeit, sondern diene lediglich seiner Absicht, den Heiden Zugang zum Gottesvolk zu ermöglichen. Nach E. P. Sanders zeichnet sich die paulinische Theologie durch zwei Komponenten aus: das «Heidenproblem» und «Ausschließlichkeit der [...] Soteriologie»; sie «sind für die Entthronung des Gesetzes verantwortlich».[3] Die Logik der paulinischen Soteriologie habe auch soziologische Konsequenzen: «Wenn das Heil nur in Christus kommt, darf niemand einem anderen, wie auch immer beschaffenen Heilsweg folgen.»[4] Der Glaube an Christus ist der neue Heilsweg; allein die Zugehörigkeit zu Christus verschafft Heil. James Dunn, auf den der Begriff «New Perspective on Paul» zurückgeht, hält fest, dass Paulus seine Aussagen zur Rechtfertigung aus Glauben aus der Sicht der Heidenmission getroffen habe. Im Zentrum paulinischer Theologie liege die Frage, ob und wie Heiden

---

1 *Adolf Schlatter*, Der Glaube im Neuen Testament, S. 243.
2 *Krister Stendahl*, Paul among Jews and Gentiles, S. 17.
3 *E. P. Sanders*, Paulus und das palästinische Judentum, S. 473.
4 *E. P. Sanders*, Paulus und das palästinische Judentum, S. 498.

von Gott angenommen werden können – und die Überzeugung, dass Gottes Gerechtigkeit *allen* zuteilwird, die glauben. Paulus gehe es in seiner Verkündigung um nichts weniger, als die Schranken zwischen Juden und Heiden zu durchbrechen.[5] Die in der jüdischen Frömmigkeit und Identität zutiefst verwurzelte Auffassung von der exklusiven Erwählung Israels äußert sich nach Dunn insbesondere im Halten *der* Gebote, die jüdische Prärogative verbürgen: Beschneidung, Speisehalacha und Sabbatobservanz. Paulus kritisiere diese «identity markers» jedoch nur dann, wenn sie sich gegen Gottes Gnade stellten, was in Galatien der Fall gewesen sei. Erst so sei es zur theologisch wie soziologisch bedeutungsvollen Antithese von «Glaube» und «Gesetzeswerken» gekommen.[6]

Zu der Frage, in welchem Verhältnis die frühchristlichen Gemeinden zur jüdischen Gemeinde standen, sind zunächst zwei sich prinzipiell ausschließende Meinungen zu nennen: Einerseits steht die These im Raum, dass die ersten Christen gänzlich unter der Autorität der Synagoge geblieben seien und dass Paulus von einer untrennbaren Verknüpfung zwischen dem Christusglauben und der Verpflichtung zur Halacha ausging.[7] Demgegenüber halten andere dafür, dass Paulus seine Leser zu einem finalen Bruch mit der jüdischen Gemeinschaft aufgerufen und die christliche Reformbewegung bewusst in eine «Sekte» umgeformt habe, deren Ethos durch den Glauben definiert sei.[8]

Die Mehrheit der Forscher nimmt jedoch an, dass Paulus weder die Heidenchristen unter das Dach der Synagoge ziehen noch deren Abspaltung von der Synagoge provozieren wollte. Zwar verstand sich Paulus bis zuletzt als «Hebräer von Hebräern» und kämpfte «rastlos für die Einheit von Juden- und Heidenchristen»; doch die «fundamentale Relativierung von Elementen, die der überwiegenden Mehrheit seiner jüdischen Zeitgenossen unaufgebbar erschienen» führte dazu, dass er «vielleicht am meisten dazu beigetragen [hat], dass es zur Trennung zwischen der immer mehr heidenchristlichen Kirche und dem Judentum kam».[9] Das Christusereignis verschob das bisher gültige Koordinatensystem: Nunmehr kommt dem Glauben allein die entscheidende soteriologische und ekklesiologische Bedeutung zu.

Zu einem entsprechenden Ergebnis gelangt auch Axel von Dobbeler, der in dezidierter Abwendung von Bultmann und noch unbeeinflusst von der neuen Paulusperspektive eine «Ekklesiologie des Glaubens» entwirft: «*Pistis*

---

5   *James D. G. Dunn*, The New Perspective on Paul. Whence, What and Whither?, S. 27–29.

6   Vgl. v. a. den Aufsatz *James D. G. Dunn*, The New Perspective on Paul.

7   Vgl. *Mark Nanos*, The Mystery of Romans, S. 30f., 34 (für die römischen Christen).

8   Vgl. *Francis Watson*, Paul, Judaism and the Gentiles, S. 188, 343, 346: «‹Faith› sums up the way of life of a Pauline congregation.»

9   *Jörg Frey*, Das Judentum des Paulus, S. 35.

ist für Paulus ein zentrales Kennzeichen der christlichen Gemeinden, das Abgrenzung sowohl gegenüber Heiden, als auch gegenüber Juden ermöglicht, der Gruppe ihre Identität verleiht und so deren wesentlicher Stabilisationsfaktor ist.»[10] Es handle sich bei der «*pistis* nicht um ein neues Selbstverständnis, sondern um ein neues Gruppen- bzw. Gemeinschaftsverhältnis der vor Gott (im Blick auf Erwählung und Gerechtigkeit) Gleichgestellten».[11]

Exegese

Die ekklesiologische Eigenart des Glaubens liegt in seiner (exklusiven) Ausrichtung auf Jesus Christus begründet, welche eine Identität stiftet, «die alle alltagsweltlichen Status- und Ethosdifferenzen hinter sich lässt», und «eine Gemeinsamkeit herstellt, die die Differenz zwischen Juden und Heiden umgreift [...] und die Christen von den nichtchristlichen Juden und Heiden signifikant unterscheidet».[12] Schon in seinem ersten Brief bezeichnet Paulus die Christen mithilfe eines absoluten Partizips als «die Glaubenden» (1Thess 1,7; 2,10.13). Diesen Sprachgebrauch behält er auch in den folgenden Briefen bei. «Das Wort Glaube bekommt [...] besonders in seinen Partizipialformen [...] eine ekklesiologische Funktion, was sprachgeschichtlich die spätere Verbreitung des Begriffs zu einem Synonym für Religion vorbereitet, aber keineswegs schon vorwegnimmt.»[13]

Die Frage, ob die Zulassung der Heiden(christen) zum endzeitlichen Gottesvolk von der Einhaltung der Gebote abhängig zu machen oder ob der Glaube alleiniges Kriterium sei, stellte sich der urchristlichen Mission, sobald sie sich den «Völkern» zuwandte (vgl. Röm 1,16: «zuerst den Juden, dann den Griechen»). Dabei scheint schon früh eine beschneidungsfreie Heidenmission praktiziert worden zu sein (vgl. Apg 10,1–11,18); wie den «Gottesfürchtigen» erließ man den Heiden(christen) die Pflicht, sich beschneiden zu lassen, und senkte so die Schwelle zu einer vollgültigen Teilhabe am Heilsgeschehen. Diese Praxis trug wesentlich dazu bei, dass die Zahl der Heidenchristen stetig wuchs, verursachte aber auch Auseinandersetzungen mit toraobservanten Juden und Christen und forderte zum weiteren theologischen Nachdenken heraus.[14] Ein Reflex dieses Nachdenkens ist der bereits zitierte

---

10   *Axel von Dobbeler*, Glaube als Teilhabe, S. 271.
11   *Axel von Dobbeler*, Glaube als Teilhabe, S. 276.
12   *Michael Wolter*, Identität und Ethos bei Paulus, S. 141f.
13   *Klaus Haacker*, Art. Glaube, S. 297.
14   Vgl. *Jörg Frey*, Das Judentum des Paulus, S. 27. «Diese Praxis bescherte der christlichen Mission große Erfolge und rief den (verständlichen) Neid der örtlichen Synagogen hervor. Sie bot auch Sprengstoff für die Gemeinschaft beschnittener und unbeschnittener Jesusnach-

«Lehrsatz» Röm 3,28, der mit großer Wahrscheinlichkeit eine bereits vor Paulus vorhandene Grundeinsicht aufgreift.[15] In diesem Vers spiegelt sich zwar die soziale Dynamik der Rechtfertigungsbotschaft wider (vgl. Röm 3,29–30), doch trägt die theologische bzw. soteriologische Perspektive deutlich den Ton. Denn voraus geht Paulus' Analyse der menschlichen Situation vor Gott, die alle unter der Macht der Sünde und Ungerechtigkeit sieht und die Werke des Gesetzes für soteriologisch irrelevant erklärt (Röm 1,18–3,20). An der im Forschungsüberblick referierten «New Perspective on Paul» wurde zu Recht kritisiert, dass sie die radikale Ausweglosigkeit des Menschen heruntergespielt und die theologische Gewichtung der paulinischen Rechtfertigungslehre (wie sie in Röm 3,28 zum Ausdruck kommt) unterschätzt habe.[16]

Maßgeblich ist in diesem Zusammenhang auch die typologische Bedeutung der Rechtfertigung Abrahams als der Rechtfertigung des Gottlosen (Röm 4,5): Ohne die Besonderheit der jüdischen Erwählung zu leugnen, betont Paulus die universale Vaterschaft Abrahams, die vor der Unterscheidung zwischen «beschnitten» und «unbeschnitten» grundgelegt wurde und die allen Glaubenden ohne Unterschied gilt (Röm 3,22; 10,12). Dem Glauben Abrahams kommt somit im Rahmen der identitäts- und stabilitätsstiftenden Funktion des Glaubens eine besondere Rolle zu. Er präfiguriert nicht nur den Glauben des einzelnen Menschen, sondern ist zugleich bestimmendes Merkmal für die Zugehörigkeit zum Gottesvolk. «Da nun die Schrift voraussah, dass Gott die Völker aus Glauben gerecht machen würde, hat sie dem Abraham das Evangelium im Voraus verkündigt: ‹In dir werden alle Völker gesegnet werden› [Gen 12,3]. Also werden die aus dem Glauben Lebenden gesegnet, zusammen mit dem glaubenden Abraham» (Gal 3,8–9). «Sofern die *pistis* nämlich ein ekklesiologischer Begriff ist, will Paulus in diesen Stücken zum Ausdruck bringen, dass Abraham der Typus des neuen Gottesvolkes ist. Abraham ist also gewissermaßen das präexistente Glied der Ekklesia, er ist ekklesiologische Gestalt.»[17]

---

folger, sofern sich die Beschnittenen weiter an Reinheits- und Speisegebote der Tora gebunden sahen und Unbeschnittene die damit gestellten Anforderungen nicht oder nur partiell erfüllten.»

15 Vgl. *Jürgen Becker*, Paulus, S. 101 (wie Gal 2,16 sei Röm 3,28 eine «Konsensaussage antiochenischer Theologie»).

16 In seiner Retrospektive hebt *James D. G. Dunn* allerdings gegenüber seinen Kritikern hervor, dass er zu keiner Zeit die Absicht hatte, eine Diastase zwischen der «sozialen» und «theologischen» Dimension der Rechtfertigungslehre zu errichten (*ders.*, The New Perspective. Whence, What and Whither?, S. 26–28).

17 *Fritz Neugebauer*, In Christus, S. 168f.

Der Begriff «Glaube» fasst also die Identität und Lebensweise der paulinischen Gemeinden zusammen. Im Modus des Glaubens sind wir nach Paulus Teil des Gottesvolkes, «Hausgenossen des Glaubens» (Gal 6,10) und Mitglied in der *familia Dei*: «Denn ihr seid alle Söhne und Töchter Gottes durch den Glauben in Christus Jesus» (Gal 3,26).

Wenn Paulus den Glauben Abrahams aufs Engste mit der Völkerverheißung verbunden sieht, dann lässt dies kein Verständnis des Glaubens im Sinne einer reinen Innerlichkeit zu. In der Sprache der Reformation hieße das: Das Wort, das zum Glauben ruft, ergeht immer als «leibliches Wort», also als äußerliches, mündliches und öffentliches Wort. Die seit dem 18. Jahrhundert geläufige Rede vom Glauben als einer «Privatsache» geht wohl darauf zurück, dass sich der Glaube angesichts der «mörderischen Öffentlichkeit» der Religions- und Bürgerkriege ins Private und Innerliche zu retten suchte.[18] Doch ist der Öffentlichkeitscharakter für den Glauben schon immer konstitutiv gewesen, und seit den Anfängen des Christentums dokumentiert er sich in den Zusammenkünften der «Gemeinschaft der Glaubenden». «In allen [neutestamentlichen] Texten ist vorausgesetzt, dass es sich um eine irdische Gemeinschaft handelt, die den Ruf zur Nachfolge und zum Glauben gehört hat, die sich an vielen Orten sammelt und um ihre Zusammengehörigkeit weiß.»[19]

Verstehenshorizont

Die in den Texten des Paulus erkennbar werdende Bestimmung des Glaubens als nach innen verbindendes und zugleich nach außen abgrenzendes Kennzeichen christlicher Identität lässt nach dem «intertextuellen Gewebe» zurückfragen, in welches diese Rede vom Glauben eingebunden ist, aber auch nach charakteristischen Abweichungen und Neugestaltungen von geläufigen Vorstellungen seiner Zeit.

Im Judentum galt Abraham durchweg als Stammvater (vgl. Röm 4,1) und Identifikationsfigur des Volkes Israel. Seine Beschneidung, das «Zeichen des Bundes» (Gen 17,11), den Gott mit ihm und seinen Nachkommen geschlossen hat, wurde nach dem Exil «zur exklusiven nota Iudaica»[20] und sein bis zum Äußersten gehender Gehorsam (Gen 22) wurde zum Symbol der Treue, wie Gott sie gegenüber seinen Geboten erwartet.[21] Philo (ca. 15 v. Chr. – 50 n. Chr.)

---

18 Vgl. *Oswald Bayer*, Leibliches Wort, S. 67f. – Die von der «New Perspective» gern geäußerte Kritik an Martin Luthers «Individualismus» geht schon allein deshalb an entscheidenden Anliegen der Reformation vorbei.

19 *Ferdinand Hahn*, Theologie des Neuen Testaments 2, S. 503.

20 *Andreas Blaschke*, Beschneidung, S. 360.

21 Zum Motiv der Treue Abrahams s. u. S. 109–112.

und andere vertraten gar die Auffassung, dass sich Abraham an die vollständige (wenngleich noch «ungeschriebene») Tora hielt.[22] Die Beschneidung und die damit untrennbar verbundene Toraobservanz sonderten die Juden von den Völkern ab und erzeugten ein tief gegründetes Bewusstsein der Zusammengehörigkeit. Der paulinische Argumentationsgang, dass dem Glauben aufgrund seiner zeitlichen Priorität gegenüber der Beschneidung auch sachliche Priorität zukommt, hat im Judentum keine Parallele und erweist die Neuheit und Kühnheit der paulinischen Deutung. Die auch von Paulus verwendete Bezeichnung «die Glaubenden» bzw. «die Gläubigen» ist in jüdischen Texten einerseits als theologisch-ethischer Identitätsbegriff in Abgrenzung zu den Gottlosen aus dem eigenen Volk[23] sowie als soziologischer Identitätsbegriff in Abgrenzung zu Andersgläubigen (Heiden)[24] anzutreffen.

Im pagan-hellenistischen Bereich galt die *pistis* als ein maßgebliches Element, «das den sozialen Verband der Großfamilie (*oikos*) konstituierte und stabilisierte; die *pistis* band die Hausgenossen in enger Solidarität und Loyalität zusammen.»[25] Im Imperium Romanum genoss die «Treue» als höchstes Staatsprinzip besonderes Ansehen und «fungierte [...] offenbar über einen weiten Zeitraum hinweg und zumal im 1. Jh. n. Chr. innerhalb wie außerhalb Roms als eine Art *identity marker* römischer Kultur und Herrschaft».[26] Plutarch beispielsweise kommt in seiner Biographie des Titus Flaminius auf die Hochschätzung der *fides* in Rom zu sprechen. Dieser hatte entscheidend zur Befreiung Griechenlands aus der Hand der Makedonier beigetragen und schließlich Griechenlands Freiheit proklamiert. Plutarch berichtet, wie der Chor der Mädchen in einer Hymne (aus der Zeit um 190 v. Chr.) den Göttervater Zeus (Jupiter), die Göttin Roma, Flaminius und auch die (deifizierte) Fides preist: «Wir verehren die Pistis der Römer, die gewaltige, zu schützen mit Eiden [...]»[27] So wurde die *fides* «ein zentraler Begriff im röm[ischen] Leben u[nd] Denken. [...] Fast alle Arten von Bindungen, von Abhängigkeits- und Loyalitätsverhältnissen (zwischen den Römern selbst u[nd] gegenüber anderen Völkern, ebenso zu den Göttern) waren durch F[ides] charakterisiert.»[28] Auf diesem Hintergrund kann man zu Recht fragen, ob die überpro-

---

22 Vgl. *Philo*, De Abrahamo 275.

23 Vgl. 4Esra 7;131; syrischer Baruch 42,2; 54,16.21.

24 Vgl. äthiopischer Henoch 46,8; Sibyllinen 3,69.

25 *Axel von Dobbeler*, Metaphernkonflikt und Missionsstrategie, S. 23f.; Belege in *ders.*, Glaube als Teilhabe, S. 251–273.

26 *Christian Strecker*, Fides – Pistis – Glaube, S. 231.

27 *Plutarch*, Flaminius 16.

28 *Carl Becker*, Art. Fides, S. 801.

portionale Dichte der Glaubensterminologie im Römerbrief einen dort geläufigen Topos adressatenspezifisch aufnimmt.[29] Zumindest wird Paulus' Erhebung des Glaubens zum Zentralbegriff des christlichen Ethos und Gottesverhältnisses bei seinen Rezipienten nicht ohne Resonanz geblieben sein.

---

29 So die These von *Christian Strecker*, Fides – Pistis – Glaube, S. 240.

3. Glaube als «göttliche Geschehenswirklichkeit»

Forschungsgeschichte

Paulus denkt den Glauben also nie ohne seinen Gemeinschafts- und Öffentlichkeitscharakter; er fasst ihn nirgends im Sinne einer reinen Innerlichkeit oder radikalen Individualisierung auf. Doch Paulus geht nach Meinung einiger Exegeten *noch* einen Schritt weiter: Glaube ist ein eschatologisches Phänomen. Allerdings nicht in dem bei Bultmann zu findenden Sinne, nach dem «die konkrete Realisierung der Glaubensmöglichkeit des Einzelnen [...] selbst eschatologisches Geschehen» sei.[1] Hier wird der Gedanke des Eschatologischen verkürzt auf einen eschatologischen Augenblick, der dem Einzelnen gewährt wird und in dem er zu sich selbst und zum Glauben findet: «In jedem Augenblick schlummert die Möglichkeit, der eschatologische Augenblick zu sein. Du musst ihn erwecken.»[2]

Ausgehend von seinen Beobachtungen zum paulinischen Gebrauch der *pist*-Terminologie, zieht Ernst Lohmeyer weitreichende Schlüsse. Den Glaubensbegriff kennzeichne eine eigentümliche «Doppelheit»: er sei sowohl menschliche «Tat» als auch «metaphysisches Prinzip»[3]; als solches sei er «im gleichen Sinne Offenbarung, wie Christus es ist». Die enigmatische Wendung «Christusglaube» klärt sich nach Lohmeyer daraus: «Es ist nicht nur der Glaube, den Christus *hat*, auch nicht nur der, den er *gibt*, sondern vor allem der Glaube, der er selber *ist*.»[4] Nach Lohmeyer erhebt Paulus den Glauben «zu einer objektiv gültigen und transzendenten Macht» und reduziert den Gläubigen zum «reine[n] Schauplatz». «Man könnte scharf sagen: nicht ich glaube, sondern es glaubt in mir.»[5]

Auch wenn Lohmeyers Zuspitzungen und seine philosophische Terminologie bisweilen kritisiert wurden, griffen eine Reihe von Exegeten seine exegetischen Erkenntnisse auf und führten sie weiter. So urteilt Fritz Neugebauer: «Man muss E. Lohmeyer hier besser verstehen, als er sich ausgedrückt hat. So darf ich vorausschicken, dass man das, was E. Lohmeyer mit ‹metaphysischem Prinzip› sagen will, besser als eschatologisches Geschehen be-

---

1   *Rudolf Bultmann*, Theologie des Neuen Testaments, S. 330.
2   So in Anlehnung an Kierkegaard *Rudolf Bultmann*, Geschichte und Eschatologie im Neuen Testament, S. 184.
3   Vgl. *Ernst Lohmeyer*, Grundlagen paulinischer Theologie, S. 115–125: «Glaube als Prinzip»; S. 125–133: «Glaube als Tat»; S. 146–153: «Doppelheit des Glaubensbegriffes».
4   *Ernst Lohmeyer*, Grundlagen paulinischer Theologie, S. 121.
5   *Ernst Lohmeyer*, Grundlagen paulinischer Theologie, S. 117f.

zeichnet, sofern es in diesem Zusammenhang darum geht, dass der Glaube kommt und geoffenbart wird.»[6] In Abgrenzung zu Bultmanns hermeneutischer Methode – der «konsequente[n] existentiale[n] Interpretation»[7] – hebt Neugebauer hervor, dass von der *pistis* «wie von dem eschatologischen Heilsereignis selbst gesprochen werden kann», dass also «der Glaube mit dem Christusereignis kam und geoffenbart wurde».[8]

Auch Hermann Binders Studie zum paulinischen Glaubensbegriff richtet sich gegen die anthropologische Verengung der Theologie Bultmanns, gelangt so jedoch zum anderen Extrem: *Pistis* sei nirgends Tat, Verhalten oder Haltung des Menschen, sondern stets «das von Gott herkommende Geschehen im Neuen Bund, das den Charakter einer transsubjektiven Größe, einer göttlichen Geschehenswirklichkeit» habe.[9] Glaube sei eine «geschichtlich-heilsgeschichtliche Größe, die Gott kommen ließ» und die «ohne jegliche menschliche Bezogenheit zu ihr» existiere, «also ein von Christi Macht durchwirkter Bereich, der vorhanden ist, bevor man ihn betritt oder bezeugt».[10] Obwohl Binder bei Ernst Käsemann eine ähnliche Sicht der Dinge vorzufinden meint, da dieser den Machtcharakter der «Gottesgerechtigkeit bei Paulus» herausarbeitet, bezichtigt Käsemann ihn einer «geradezu absurde[n] Vereinseitigung»[11]. Demgegenüber belegt eine Nebenbemerkung seines Schülers Peter Stuhlmacher, dass Käsemanns Perspektive zur Gottesgerechtigkeit durchaus auf den Glauben übertragen werden kann: «Für die theologische Begrifflichkeit des Paulus ist es weithin charakteristisch, dass in ihr Macht und Gabe eine spannungsvolle Einheit bilden. Es gilt zu sehen, dass hiervon auch der Glaubensbegriff nicht ausgenommen ist.»[12]

Diese Interpretationslinie sollte m. E. nicht vorschnell verabschiedet werden,[13] ist sie doch in der Lage, eine Reihe von notorisch schwierigen Äußerungen des Paulus zum Glauben zu erhellen.

Exegese

Ein markanter *pistis*-Beleg in den Paulusbriefen eröffnet einen weit über das individuelle und gemeinschaftliche Glauben hinaus reichenden heilsge-

---

6   *Fritz Neugebauer*, In Christus, S. 156.
7   *Fritz Neugebauer*, In Christus, S. 159.
8   *Fritz Neugebauer*, In Christus, S. 164.
9   *Hermann Binder*, Der Glaube bei Paulus, S. 5.
10 *Hermann Binder*, Der Glaube bei Paulus, S. 53.
11 *Ernst Käsemann*, An die Römer, S. 103.
12 *Peter Stuhlmacher*, Gerechtigkeit Gottes bei Paulus, S. 81.
13 Vgl. repräsentativ *Gerhard Barth*, πίστις/πιστεύω, Sp. 226.

schichtlichen Horizont, welcher die *pistis* als Repräsentantin einer neuen Heilszeit darstellt. In Gal 3,23–25 identifiziert Paulus Glaubensereignis und Christusereignis: «Bevor aber der Glaube kam, wurden wir alle gemeinsam im Gefängnis des Gesetzes in Gewahrsam gehalten – auf den Glauben hin, der sich in der Zukunft offenbaren sollte. So ist das Gesetz zu unserem Aufpasser geworden, bis hin zu Christus, damit wir aus Glauben gerecht würden. Da nun der Glaube gekommen ist, sind wir keinem Aufpasser mehr unterstellt.» Hier ist unverkennbar das Kommen des Glaubens mit dem Kommen Christi gleichgesetzt;[14] die messianische «Jetztzeit» (Röm 11,5) ist Glaubenszeit. Sogar Bultmann räumt ein: «Ist Gl 3,23–26 die Vorbereitung und das ‹Kommen› der *pistis* skizziert, so ist nicht die Entwicklung des Individuums gezeichnet, sondern die Heilsgeschichte.»[15]

Offensichtlich versteht Paulus die *pistis* hier als machtvolles «eschatologisches Geschehen»[16], das eine Zeitenwende markiert und der bis dato geltenden Vormachtstellung des Gesetzes entgegentritt, um dieses ein für alle Mal abzulösen. Glaube und Gesetz treten als personifizierte Größen zu einem bestimmten Zeitpunkt des «heilsgeschichtlichen Dramas» auf die Bühne.[17] Ihnen ist eine kosmische Dimension eigen, die die Wirklichkeit als ganze bestimmt, zugleich aber eine personale Dimension, die den ganzen Menschen bestimmt. Durch die Offenbarung des Glaubens hat Gott die Weltwirklichkeit radikal verwandelt und unter ein neues Licht gestellt. Daraus ergeben sich die Bezeichnungen, mit denen die *pistis* versehen wurde: «eschatologisches Heilsereignis»[18] «göttliche Geschehenswirklichkeit», «transsubjektive Größe»[19] oder «überindividuelles Gesamtphänomen»[20].

Individuelle Teilhabe realisiert sich durch den Eintritt und das Sich-Ein-

---

14 Vgl. *Gerhard Ebeling*, Jesus und Glaube, S. 206.

15 *Rudolf Bultmann*, Theologie des Neuen Testaments, S. 319–320. Vgl. aber folgende Anmerkung.

16 *Rudolf Bultmann*, Theologie des Neuen Testaments, S. 330. Vgl. *Rudolf Bultmann*, πιστεύω κτλ., S. 222: «Das Kommen der *pistis* ist die eschatologische Zeit (Gl 3,23 ff).» Was Bultmann hier richtig erkennt, qualifiziert er im Rahmen seiner «Theologie der Entscheidung» wieder als Heilsgeschichte «je für mich» (*ders.*, πιστεύω κτλ., S. 219). Deshalb wirken jene Erläuterungen Bultmanns «wie ein erratischer Block» (so *Fritz Neugebauer*, In Christus, S. 160).

17 So die Metapher bei *Richard B. Hays*, The Faith of Jesus Christ, S. 200.

18 *Fritz Neugebauer*, In Christus, S. 164. Vgl. *Otto Michel*, Der Brief an die Römer, S. 76.

19 *Hermann Binder*, Glaube bei Paulus, 53 u. ö.

20 *Peter Stuhlmacher*, Gerechtigkeit Gottes bei Paulus, S. 81. – *Wolfgang Schenk* fasst das «Objektive» des Glaubens im Sinn der Glaubens- oder Christusbotschaft auf (vgl. *ders.*, Die Gerechtigkeit Gottes und der Glaube Christi; im Anschluss an Schenk *Karl Friedrich Ulrichs*, Christusglaube, 144, 171).

reihen in das Heilsgeschehen im Glauben, wobei letztlich «das Zum-Glauben-Kommen [...] ein Hineingenommenwerden in das Heilsgeschehen in Christus» ist.[21] Gerade im Blick auf den paulinischen Glaubensbegriff ist es also falsch, Heilsgeschichte und Existenz als Gegensätze einander gegenüberzustellen. Vielmehr bilden sie eine spannungsvolle Einheit: Glaubende Existenz ist eschatologische Existenz.[22]

In der sehr dicht formulierten Passage Röm 3,21–22 kommen diese beiden Dimensionen zum Ausdruck, und zwar nicht nur in Bezug auf den Glauben, sondern auch auf die Gerechtigkeit Gottes. Die gängigen Übersetzungen und die Mehrheit der Kommentare neigen dazu, diesen Sachverhalt zu verschleiern. Zur Veranschaulichung sei der Wortlaut dieser Verse daher in einer noch unbestimmten Wiedergabe der umstrittenen Begriffe zitiert: «Nun aber ist ohne Gesetz ‹Gottesgerechtigkeit› offenbart worden [...] ‹Gottesgerechtigkeit› durch ‹Jesus-Christus-Glaube› zu allen, die glauben.»

Zunächst zum Stichwort «Gottesgerechtigkeit»: Paulus' Rede von der Offenbarung der Gottesgerechtigkeit am Wendepunkt der Zeiten («nun aber») betont deren eschatologischen Horizont (Röm 3,21), während die Übereignung der Gerechtigkeit an die Glaubenden (Röm 3,22) den Teilhabecharakter hervorhebt.[23] Beide Seiten, die individuelle und die überindividuelle, prägen Paulus' Gedanken der Gottesgerechtigkeit. Dabei ist seine «Anthropologie» von seiner «Kosmologie» her zu verstehen. Diese Doppelheit herausgearbeitet zu haben, ist das Verdienst Ernst Käsemanns. Er zeigte, dass sich Theologie und Geschichtsverständnis des Apostels nicht zuallererst auf den Einzelnen richten, sondern auf die Errichtung der Herrschaft Gottes in der Welt.[24] Der Begriff Gottesgerechtigkeit bezeichne bei Paulus nicht nur die (dem Glaubenden) geschenkte Gerechtigkeit, sondern «Gottes Heilshandeln» und seine «heilsetzende[ ] Macht»[25], nicht nur Gabe Gottes, sondern auch die «sich eschatologisch in Christus offenbarende Herrschaft Gottes über die Welt, [...] jenes Recht, mit welchem sich Gott in der von ihm gefallenen und als Schöpfung doch unverbrüchlich ihm gehörenden Welt durchsetzt».[26]

---

21 *Gerhard Delling* (zitiert bei *Hermann Binder*, Glaube bei Paulus, S. 68, Anm. 60).

22 *Rudolf Bultmann*, Geschichte und Eschatologie im Neuen Testament, S. 102; *ders.*, πιστεύω κτλ., S. 222.

23 *Udo Schnelle*, Paulus, S. 351, unterstreicht zu Recht: «Erscheint die Gerechtigkeit Gottes in V. 21 als universale Macht Gottes, so dominiert in V. 22 der Charakter der Gabe.»

24 Vgl. *Ernst Käsemann*, Gottesgerechtigkeit bei Paulus; s. auch *Peter Stuhlmacher*, Gerechtigkeit Gottes bei Paulus, 98, 236. – Bultmann reagiert auf Käsemanns Vorstoß in dem Aufsatz ΔΙΚΑΙΟΣΥΝΗ ΘΕΟΥ.

25 *Ernst Käsemann*, Gottesgerechtigkeit bei Paulus, S. 184, 193.

26 *Ernst Käsemann*, Gottesgerechtigkeit bei Paulus, S. 192.

Andererseits leuchten in Röm 3,21–22 auch die beiden Pole der *pistis* auf: Gottes Gerechtigkeit wird den Glaubenden zugeeignet, nicht durch die Macht des Gesetzes, denn das Gesetz hat nach Paulus seine heilsvermittelnde Stellung verloren. Die Gabe der Gerechtigkeit erfolgt vielmehr durch den «Christusglauben», der das Gesetz abgelöst und dadurch Glaubensmöglichkeit und Glaubenswirklichkeit eröffnet hat. Dies ist die eine Dimension der *pistis*, aus der sich die andere schlüssig ergibt: Implizierte vormals die Teilhabe im Bereich des Gesetzes das Tun der Gesetzeswerke, so verlangt nun der Christusglaube, dass man sich im Modus des eigenen Glaubens von ihm in Besitz nehmen lässt. Wurde vor der eschatologischen Zeitenwende die Gerechtigkeit Gottes erhofft und erwartet für alle, die mit Werken umgehen (vgl. Röm 4,5), so erlangen nun nach Paulus Gerechtigkeit alle, die glauben. Was Käsemann über die Gerechtigkeit sagt, gilt auch für den Glauben: «Universalismus und äußerste Individuation sind [...] Kehrseiten desselben Sachverhaltes.»[27] Das trifft m. E. sowohl auf die Interpretation der Gottesgerechtigkeit als auch auf die Interpretation des Christusglaubens zu. Die Rede von einem «eschatologischen Augenblick» würde diese Einsicht in die apokalyptische Dimension der paulinischen Theologie entstellen.

Einige weitere sprachliche Beobachtungen bekräftigen zum einen, dass Paulus «Glaube» und «Christus» als Heilsereignis und Existenzgrundlage versteht und aufs Engste zusammenrückt bzw. identifiziert. «Im Glauben» und «in Christus» «sind sinngleiche Wendungen»[28], insofern beide das von Gott offenbarte Heilsgeschehen umschreiben, in dem die Christen «stehen»[29] und auf Grundlage dessen bzw. durch welches sie Gerechtigkeit empfangen. Die Interpretation des paulinischen Gedankens von der «Rechtfertigung aus bzw. durch Christusglauben» (Röm 3,22.26; Gal 2,16; Phil 3,9) sollte diese heilsgeschichtliche Dimension nicht zugunsten eines exklusiv anthropologischen Fokus vernachlässigen.[30] Zum anderen belegen die Paulusbriefe, dass für den Apostel auch der Gegensatz zwischen «Glaube» und «Gesetz» nicht auf den individuellen Lebensvollzug oder ein gruppenspezifisches Ethos beschränkt bleibt, sondern sich auf das den Kosmos umgreifende göttliche Heilshandeln bezieht: «Glaube ist also ‹Offenbarung› wie das Gesetz Offenbarung ist; und

---

27 *Ernst Käsemann*, An die Römer, S. 20.

28 *Hermann Binder*, Glaube bei Paulus, S. 62.

29 1Kor 16,13: «im Glauben stehen»; Phil 4,1; 1Thess 3,8: «im Herrn stehen».

30 Für jeden der Belege von «aus Glauben» und «durch Glauben» muss gesondert erörtert werden, welcher der beiden Pole im Vordergrund steht. «Aus Glauben» in Röm 1,17; 3,26.30; 4,16; 5,1; 9,30.32; 10,6; 14,23; Gal 2,16; 3,7.8.9.11.22; 5,5; Phil 3,9; «durch Glauben» in Röm 1,12; 3,22.25.30.31; Gal 2,16; 3,14; 3,26; Phil 3,9; 2Kor 5,7; 1Thess 3,7. – Weiteres ist zur Genitivverbindung *pistis Christou* («Christusglaube») zu sagen (s. u. S. 97–99).

wenn es einst für den Pharisäer hieß: ‹Aus dem Gesetz›, so heißt es jetzt für den Apostel: ‹Aus Glauben›.»[31]

Verstehenshorizont

Dieser Gedanke, dass das Gesetz durch eine andere heilsgeschichtliche Größe jemals abgelöst werden könnte, ist für das Judentum unvorstellbar. Vielmehr ist «auch der kommende Äon [...] vom Gesetz bestimmt. Das Judentum lehrt nicht wie die Griechen die Ewigkeit der Welt, sondern die Ewigkeit des Gesetzes. Die vollendete Schöpfung bringt nicht eine neue Tora mit sich, sondern bestätigt gerade das Gesetz vom Sinai.»[32] Eine Annäherung von griechischem und jüdischem Denken ereignete sich aber im hellenistischen Judentum, das die griechische Weisheitslehre mit der jüdischen Theologie des Gesetzes verschmolz. Dies brachte ein kosmologisch verankertes Wirklichkeitsverständnis hervor, das (von Martin Hengel) als «Toraontologie» bezeichnet wurde.[33] Die Tora «übernahm» von der Weisheit deren kosmische Funktion und war als «Weltgesetz» für die Durchsetzung der Herrschaft Gottes in der Welt verantwortlich; von da aus erstreckt sich ihr Wirkungsbereich weiter auf die soziale Ordnung wie auf die Lebensordnung. Unter diesen geistesgeschichtlichen Voraussetzungen ist es gut vorstellbar, dass eine solch allumfassende Struktur des Gesetzes für Paulus' Auffassung von der *pistis* Pate gestanden haben könnte.

Auch die paulinische Personifizierung der *pistis* kann auf Vorbilder im antiken Judentum zurückgreifen. Schon das Alte Testament spricht davon, dass «Gnade und Treue» vor Gottes Thron einhergehen (Ps 89,15; vgl. Ps 85,11–12), und Philo dokumentiert an zahlreichen Stellen die charakteristische Personifizierung der Weisheit im hellenistischen Judentum: Tugendliebende Seelen gehen mit der Weisheit als «Erkenntnismittel» und «Erkenntnisziel»[34] um und finden im Bereich der Weisheit ihren Zufluchtsort, der

---

31 *Ernst Lohmeyer*, Grundlagen paulinischer Theologie, S. 117. Auch hier gilt, dass jeder Beleg für sich betrachtet werden muss: «aus dem Gesetz» in Röm 4,14.16; 9,32; Phil 3,9; «aus Werken» in Röm 4,2; 9,12.32; «aus Gesetzeswerken» in Röm 3,20; Gal 2,16; 3,2.5.10; «durch das Gesetz» in Röm 4,13; 7,5.7; Gal 2,19.21.

32 *Samuel Vollenweider*, Freiheit als neue Schöpfung, S. 165 (mit Verweis auf frühjüdische Texte, z. B. Sirach 24,9; Sapientia 18,4; äthiopischer Henoch 99,2; *Josephus*, Contra Apionem 2,277).

33 *Martin Hengel*, Judentum und Hellenismus, S. 307–318 u. ö.

34 *Axel von Dobbeler*, Metaphernkonflikt und Missionsstrategie, S. 29. – Von Dobbeler nennt als weitere im Judentum belegte «Hypostasen»: Gottes Schechina, Gottes Wort, Gottes Geist und Gottes Name.

zugleich ihr angestammtes Vaterland ist.[35] Es kann angenommen werden, dass die frühchristliche Vorstellung einer personifizierten *pistis* beeinflusst wurde von Elementen jüdischer Weisheitslehre, da beide Metaphern mit vergleichbaren Bildfeldern assoziiert werden und als von Gott gesetzte Realitäten wirklichkeitsbestimmend und soteriologisch relevant sind.[36] Der jüdischen Lehre vom Gesetz, in das die Vorstellungen des griechischen Weisheitsdenkens geflossen sind, stellte Paulus sein vom Christusereignis her erschlossenes Konzept des Glaubens gegenüber.

Die Macht-Gabe-Struktur, die als weiteres Merkmal des Glaubens benannt wurde und die auch Paulus' Vorstellung von der Gerechtigkeit Gottes kennzeichnet, ist in einigen Texten aus Qumran nachweisbar, die ebenfalls «die eschatologische Präsenz des mit der Gottesgerechtigkeit empfangenen Heils» kennen und der Gerechtigkeit Macht- und Offenbarungscharakter zuweisen.[37] In einer Passage der sogenannten Gemeinderegel heißt es: «Wenn ich strauchle durch die Bosheit meines Fleisches, liegt meine Rechtfertigung in der Gerechtigkeit Gottes» (1QS 11,12). Die Qumrantexte wie die Paulusbriefe haben in der jüdischen Apokalyptik ihren gemeinsamen religionsgeschichtlichen Hintergrund.[38]

Ein Blick in die pagan-griechische Literatur zeigt, dass schon aus dem 6. Jahrhundert v. Chr., bei Theognis von Megara, ein Beleg für die Personifizierung der *pistis* erhalten ist: Die «große Göttin» Pistis ist zu ihrem Ursprungsort auf den Olymp zurückgekehrt, sodass nunmehr auf der Erde die Tugend der Treue abhandengekommen ist und Unwahrhaftigkeit und Täuschung überhandnehmen. Spätere Quellen wissen von einem Pistis-Tempel in Athen. Auch in Rom befand sich wohl seit dem dritten vorchristlichen Jahrhundert das Heiligtum der deifizierten Fides auf dem Capitol, unmittelbar neben dem Jupitertempel. Etwa zeitgleich mit dem Römerbrief schrieb Valerius Maximus in seinen «Memorabilia» der «ehrwürdigen Gottheit der Fides» zu, sie sei das «sicherste Unterpfand menschlichen Heils. Dass sie stets in unserem Gemeinwesen kräftig war, haben alle Völker erfahren» (6,6). Wer am Fides-Kult teilnahm, zollte der *res publica* Ehrerbietung und tat seine Loyalität gegenüber dem Staat kund.

---

35 *Philo*, De migratione Abrahami 28 (zu Gen 31,3).

36 Vgl. *Axel von Dobbeler*, Metaphernkonflikt und Missionsstrategie, S. 29–32.

37 *Ernst Käsemann*, An die Römer, S. 23, 25.

38 Weitere frühjüdische Texte zur «Gerechtigkeit Gottes» im Judentum bietet *Peter Stuhlmacher*, Gerechtigkeit Gottes bei Paulus, der jedoch davon ausgeht, dass dem Apostel der Begriff «Gottesgerechtigkeit» aus der Apokalyptik als *terminus technicus* vorgegeben war. Diese These ließ sich in der Form nicht halten (vgl. die Kritik bei *Udo Schnelle*, Gerechtigkeit und Christusgegenwart, S. 96).

Wenn Paulus also die *pistis* als heilsgeschichtliche Gestalt bzw. als die mit Christus gekommene Heilszeit präsentiert und aus ihr ein umfassendes Wirklichkeitsverständnis ableitet, kann er auf eine Reihe von analogen Denkfiguren und Sprachbildern aus seinem geistigen Umfeld zurückgreifen und diese bei seinen Adressaten voraussetzen. Bei allen Parallelen und traditions- und religionsgeschichtlichen Verbindungslinien ist jedoch das Innovationspotential seines Glaubensbegriffs ernst zu nehmen, seine in großer Freiheit praktizierte Interpretation und Gestaltung überkommener Konzepte und Vorstellungen – auch und gerade hinsichtlich der Transsubjektivität des Glaubens.

4. Glaube und Vernunft

Glaube und Vernunft sind «die beiden Flügel, mit denen sich der menschliche Geist zur Betrachtung der Wahrheit erhebt».[1] Mit diesem Satz hat Papst Johannes Paul II. das Verhältnis von Glaube und Vernunft in der Enzyklika «Fides et ratio» (1998) in ein einprägsames Bild gefasst. Sein Nachfolger, Benedikt XVI., schloss sich in seiner viel beachteten «Regensburger Vorlesung» vom 12. September 2006 diesem Gedanken an. Er bezeichnete dort das Aufeinanderzugehen von philosophischem Denken und biblischem Glauben, die «Synthese von Griechischem und Christlichen», wie es sich in den ersten Jahrhunderten des Christentums ereignete, als einen «weltgeschichtlich entscheidende[n] Vorgang, der uns auch heute in die Pflicht nimmt». Die Gegenwart stelle uns vor die Aufgabe, dafür Sorge zu tragen, dass «Vernunft und Glaube auf neue Weise zueinanderfinden».[2]

Schon in den frühesten Phasen christlicher Lehrbildung – spätestens jedoch seit Augustin – wird der Glaube der Vernunft als eine Weise der Erkenntnis beigesellt und zugeordnet. Doch wie gestaltet sich diese Koexistenz und/oder Konkurrenz von *fides* und *ratio*? Handelt es sich um ein friedliches oder feindliches Verhältnis? (Wie) kann es zu einer Synthese von «Griechischem und Christlichem» kommen?

Zwei Szenarien sind grundsätzlich vorstellbar: Vernunft und Glaube stehen einträchtig, aber auch eigengesetzlich nebeneinander und sind auf eine übergeordnete Einheit ausgerichtet (etwa auf das «Universum», das «Absolute») bzw. beabsichtigen auf ihre je eigene Weise, denselben Gegenstand zu erkennen (etwa die «Wahrheit»). Man könnte eine solche «unvermischte» Koexistenz als «a priori-Harmonie» bezeichnen, die nur dann gestört wird, wenn die beiden Erkenntnisweisen ihre Kompetenzen überschreiten und ihre Grenzen überstreten. Im Gegensatz dazu befinden sich nach dem zweiten Szenario Vernunft und Glaube in einem unbarmherzigen Gefecht, da die Vernunft das zu Glaubende nicht einsehen kann und der Glaube sich auf «Unvernünftiges» stützt. Diese Inkompatibilität wird häufig in Verbindung gebracht mit dem Tertullian (ca. 160–225 n. Chr.) zugeschriebenen Satz *credo quia absurdum* – «ich glaube, weil es unvernünftig ist».[3] Zu einer Überein-

---

1 Enzyklika Fides et Ratio von Papst *Johannes Paul II.* an die Bischöfe der katholischen Kirche über das Verhältnis von Glaube und Vernunft vom 14. September 1998, S. 5.
2 *Benedikt XVI.*, Glaube und Vernunft, S. 20, 22, 29.
3 Mit dieser Zuschreibung beruft man sich auf den Ausspruch in *Tertullian*, De carne Christi 5,4: «Gottes Sohn ist gekreuzigt worden – ich schäme mich dessen nicht, gerade weil es etwas Beschämendes ist. Gottes Sohn ist gestorben – das ist ganz und gar glaubwürdig, weil

stimmung finden Glaube und Vernunft dann, wenn das «Unvernünftige», das geglaubt wird, von der Vernunft beglaubigt wird, sodass beide Erkenntnisweisen nicht in Feindschaft verharren, sondern zu einer höheren Harmonie, zu einer «*a posteriori*-Harmonie» finden. Dieser Gedankengang hat seinen klassischen Ausdruck in der Sentenz des Anselm von Canterbury (ca. 1033–1109) erhalten: *credo ut intelligam* – «ich glaube, so dass ich verstehe».[4]

In seinen Reden «Über die Religion» (1799) bezeichnet Friedrich Schleiermacher die «Anschauung des Universums» als die spezifische Erkenntnisfunktion des Menschen.[5] Jeder Mensch wird mit dieser «religiösen Anlage geboren».[6] Sie besetzt eine eigene «Provinz im Gemüt»[7], strahlt aber auf das Lebensganze aus. Analoges gilt für die Vernunft: Auch ihr kommt ein Bereich im Innern des Menschen zu, und sie versucht nach den Prinzipien des Denkens das Universum zu bestimmen und zu erklären. Beide Erkenntnisweisen dürfen nicht vermischt werden. Schleiermacher fordert die Gebildeten seiner Zeit auf: «Stellet Euch auf den höchsten Standpunkt der Metaphysik und der Moral, so werdet Ihr finden, dass beide mit der Religion denselben Gegenstand haben, nämlich das Universum und das Verhältnis des Menschen zu ihm.»[8] Anschauung und Bestimmung des Universums, Erfahrung und Erklärung des frommen Selbstbewusstseins, Glaube und Vernunft stehen also nicht im Widerstreit. Als biographisches Bekenntnis formuliert findet sich diese Auffassung in Schleiermachers berühmtem Brief an den Philosophen Friedrich Heinrich Jacobi aus dem Jahr 1818: «Ich bin mit dem Verstande ein Philosoph; denn das ist die unabhängige und ursprüngliche Tätigkeit des Verstandes; und mit dem Gefühl bin ich ganz ein Frommer und zwar als solcher ein Christ, und habe das Heidentum ganz ausgezogen oder vielmehr nie in mir gehabt.»[9]

Man kann nun fragen, ob eine solche Synthese dem Widervernünftigen und Widerständigen des christlichen Glaubens nicht ausweicht. Existiert nicht doch eine uneinholbare Dissonanz zwischen Glauben und Verstehen, die gerade in den Kerninhalten des christlichen Glaubens gegeben ist wie dem

---

es töricht ist (ineptum); er ist begraben und wieder auferstanden – das ist sicher, weil es unmöglich ist.»

4 So in der Vorrede zu seinem Proslogion, in der auch die andere vielzitierte Formulierung zur Bestimmung des Verhältnisses von Glaube und Vernunft zu finden ist: *fides quaerens intellectum* («der Glaube, der nach Einsicht sucht»)

5 *F. D. E. Schleiermacher*, Über die Religion (1799), KGA 1/2, S. 211.

6 *F. D. E. Schleiermacher*, Über die Religion (1799), KGA 1/2, S. 252.

7 *F. D. E. Schleiermacher*, Über die Religion (1799), KGA 1/2, S. 204.

8 *F. D. E. Schleiermacher*, Über die Religion (1799), KGA 1/2, S. 207.

9 *F. D. E. Schleiermacher*, Brief an Jacobi vom 30. März 1818 (Aus Schleiermacher's Leben 2, S. 350).

Kreuzestod Jesu?[10] Schon im zweiten Jahrhundert war die Anstößigkeit des Kreuzes Anlass für einen leidenschaftlichen Angriff des «Griechentums» auf das Christentum: In der ältesten bekannten Streitschrift gegen den christlichen Glauben mit dem Titel «Alethes Logos» («Wahre Lehre») (ca. 178 n. Chr.) stellt der Platoniker Celsus die Überlegenheit der philosophischen Erkenntnis heraus und verspottet unter Berufung auf 1Kor 1,26–29 die Christen, die nicht Gebildete, Verständige und Weise um sich sammeln, sondern «nur einfältige, gemeine und stumpfsinnige Menschen [...] Wo sie aber junge Burschen und einen Haufen Sklaven und eine Schar von Dummköpfen sehen, da drängen sie sich hin und machen sich schön.»[11] Origenes (gest. 254 n. Chr.) versucht solche Angriffe zu entschärfen, indem er den christlichen Glauben mit Celsus' mythologisch-philosophischem «Glauben» vergleicht. Gerade der christliche Glaube schließe, so Origenes, Vernunft, Geschichtlichkeit, Sittlichkeit, Frömmigkeit und auch Göttlichkeit ein und sei folglich glaubwürdiger![12]

Spott und boshafte Polemik gegen das Christentum kennzeichnet auch das Werk Friedrich Nietzsches (1844–1900). In seinem Vorwort zur «Morgenröthe» legt er das *credo quia absurdum* in den Mund Martin Luthers und schreibt, wie Luther einmal «mit der ganzen lutherischen Verwegenheit seinen Freunden zu Gemüte führte: ‹wenn man durch Vernunft es fassen könnte, wie der Gott gnädig und gerecht sein könnte, der so viel Zorn und Bosheit zeigt, wozu brauchte man dann den *Glauben*?› Nichts nämlich hat von jeher einen tieferen Eindruck auf die deutsche Seele gemacht, nichts hat sie mehr ‹versucht›, als diese gefährlichste aller Schlussfolgerungen, welche jedem rechten Romanen eine Sünde wider den Geist ist: *credo quia absurdum est*: – mit ihr tritt die deutsche Logik zuerst in der Geschichte des christlichen Dogmas auf.»[13]

In der Tat finden sich bei Luther Aussagen über die Absurdität des Glaubens aus der Sicht der Vernunft. Das, worauf sich der Glaube richtet, «erscheint der Vernunft sicherlich als lächerlich und unvernünftig (*ridiculum et absurdum*)».[14] Sie kann nicht einsehen, dass Gottes Güte und Barmherzigkeit in Christus zum Menschen kommt. Hier versagt sie entscheidend und – wie

---

10 So urteilt beispielsweise *Hans Joachim Iwand*, Christologie, S. 298, dass Schleiermacher «den Tod Jesu in seiner ausgezeichneten Funktion» umging.

11 *Origenes*, Contra Celsum, 3,49–50.

12 *Origenes*, Contra Celsum, 3,27. – Das Wort «Glaube» erfährt in diesem Zusammenhang eine entscheidende Bedeutungserweiterung, indem es nicht auf die christliche Wahrheit bezogen bleibt, sondern die Annahme jeglicher philosophischen oder religiösen Lehre meint.

13 *Friedrich Nietzsche*, Morgenröthe, S. 7.

14 *Martin Luther*, Galaterbriefvorlesung (1531/1535), WA 40/1, S. 361.

Luther anschaulich erklärt – sie «spielt ‹Blinde Kuh› mit Gott und tut lauter Fehlgriffe und schlägt immer daneben, so dass sie das Gott nennt, was nicht Gott ist, und wiederum nicht Gott nenne, was Gott ist».[15] Sobald ich Christus ergreife, bin ich «außerhalb meiner Selbst, außerhalb meines Verstandes, außerhalb der Welt.»[16] In seiner Galaterbriefauslegung verstrickt Luther die personifizierten *ratio* und *fides* in eine brutale Auseinandersetzung, die tödlich endet. Die Verheißungen, die Abraham von Gott erhält, werden von der *ratio* als unmöglich, verlogen, töricht, kümmerlich, abscheulich, ketzerisch, teuflisch abgetan,[17] sie leugnet Gott, seine Weisheit und Macht – und ermordet Gott schließlich. Der Herrschaftsanspruch der *ratio* gründet in der Verkehrung des Menschen durch die Sünde und ist für Luther identisch mit der Absicht, Gott in ein vernünftiges System einzupassen, ihn beherrschbar und gefügig zu machen und also das eigene Rechtsein vor Gott herstellen und sich selbst rechtfertigen zu können. Daher kann die *fides* nur erwidern: «‹Ich will, dass *du* töricht bist, dass du schweigst!› – Und da ermordet der Glaube die Vernunft.»[18] Der Glaube wendet sich an Gott, erwartet seine Zusage und weiß um ihre Erfüllung: «Ich glaube dir, Gott, der du sprichst.»[19] Wo die *ratio* Gottes Souveränität außer Acht lässt, leistet sie sich eine fatale Grenzüberschreitung und wird zur «unheimlichsten Feindin Gottes», zur «Urquelle alles Bösen».[20] Innerhalb ihrer Grenzen kommt der Vernunft jedoch nach Luther allergrößte Bedeutung zu: Sie ist «das A und O und das Haupt», «die Erschafferin und Erzieherin aller Künste».[21] Das Verhältnis von Philosophie und Theologie, von Glaube und Vernunft, fasst Luther so zusammen: Sie sind «voneinander unterschieden, jedoch nicht gegensätzlich».[22]

In diesen Zusammenhang gehört auch das radikale, polemische, vielleicht auch maßlose «Nein!» Karl Barths gegen die «natürliche Theologie» und gegen die Vorstellung, dass in der menschlichen Natur ein «Anknüpfungspunkt» für den Glauben gegeben sei.[23] Man müsse die natürliche Theologie

15 *Martin Luther*, Der Prophet Jona ausgelegt (1526), WA 19, S. 207. Vgl. *Oswald Bayer*, Martin Luthers Theologie, S. 121.
16 *Martin Luther*, Galaterbriefvorlesung (1531/1535), WA 40/1, S. 371.
17 *Martin Luther*, Galaterbriefvorlesung (1531/1535), WA 40/1, S. 361. Vgl. zum Ganzen *Gerhard Ebeling*, Fides occidit rationem.
18 *Martin Luther*, Galaterbriefvorlesung (1531/1535), WA 40/1, S. 362.
19 *Martin Luther*, Galaterbriefvorlesung (1531/1535), WA 40/1, S. 361.
20 *Martin Luther*, Galaterbriefvorlesung (1531/1535), WA 40/1, S. 362, 365 u. ö.
21 *Martin Luther*, Disputatio de homine (1536), WA 39/1, S. 175.
22 *Martin Luther*, De divinitate et humanitate Christi (1540), WA 39/2, S. 5 («diversa, non contraria»).
23 *Karl Barth*, Nein!. Barths «Nein» richtete sich gegen seinen ehemaligen Weggefährten Emil Brunner.

behandeln wie eine giftige Schlange: gar nicht «erst anstarren, um sich von ihr wieder anstarren, hypnotisieren und dann sicher beißen zu lassen, sondern indem man sie erblickt, hat man mit dem Stock schon zugeschlagen und totgeschlagen».[24] Wie eine diabolische Schlange sind diese «fröhlichen kleinen Bindestriche» zwischen Natur und Gnade, Vernunft und Glaube, wie ein trojanisches Pferd, dessen Anwesenheit anzeigte, dass «der übermächtige Feind schon eingezogen war».[25] Barths radikale Ablehnung der natürlichen Anknüpfungspunkte des Glaubens leugnet freilich ebenso wenig wie Luthers Beschränkung der Vernunft das notwendige, dialektische Miteinander beider Erkenntnisweisen. Das Wort Gottes muss, so Barth, «zuerst [...] geglaubt und es kann nur dann und so als Wahrheit erkannt werden. *Credo ut intelligam.*»[26] Neben Anselm beruft sich Barth auf Johannes Calvin und seine berühmte Bemerkung: «Nicht in der Unwissenheit, sondern in der Erkenntnis liegt der Glaube.»[27] Bei Barth wie bei Calvin bedeutet Erkenntnis jedoch immer zugleich Anerkennung bzw. Gehorsam. «Müsste oder wollte man in den Begriffen der alten Dogmatik reden, so würde man – so befremdlich das in den Ohren ihrer auf formale Logik bedachten Urheber geklungen haben möchte – zuerst vom *assensus* und dann erst von der *notitia* reden müssen. Nur dass Anerkennung eben sehr viel mehr ist als *assensus* und Erkenntnis sehr viel mehr als *notitia!*»[28]

Bei Paulus findet sich freilich keine systematisch-theologische Erörterung zum Verhältnis von Glaube und Vernunft, doch spiegeln sowohl seine Missionstätigkeit als auch seine Briefe wieder, dass er von der Möglichkeit einer kognitiven Annäherung an die Glaubensbotschaft ausging, dass er zugleich jedoch klar die fortwährende Herausforderung des Glaubens durch das rational nicht Einsehbare erkannte, schließlich jedoch mit großer Zuversicht den Glauben mit Wissen und Gewissheit in Verbindung brachte.

---

24 *Karl Barth*, Nein!, S. 12–13.
25 *Karl Barth*, KD 2/1, S. 195.
26 *Karl Barth*, KD 1/1, S. 289.
27 *Johannes Calvin*, Institutio Christianae Religionis 3,2,2. Vgl. *Karl Barth*, KD 1/1, S. 241; KD 4/1, S. 851.
28 *Karl Barth*, KD 4/1, S. 850. Bedeutend wurde die Trias Anerkennen, Erkennen, Bekennen als Wesensbeschreibung des Glaubens bei Barth. Auch wenn Barth sich hier formal Bultmann und dessen Akzent auf den Gehorsamscharakter des Glaubens anzunähern scheint (s. u. Kap. 5), verwahrt er sich deutlich gegen eine sachliche Übereinstimmung mit Bultmann.

Glaube als Fürwahrhalten und Überzeugtsein

Forschungsgeschichte

Die Missionspredigt des Paulus geht von der Grundannahme aus, dass sie einen «Anknüpfungspunkt» bei den Hörenden findet, dass die Botschaft nicht als etwas Sinnloses ans Ohr klingt, sondern dass sich ihnen das Gehörte auf irgendeine Weise erschließen und sich – dogmatisch gesprochen – *notitia* (Kenntnisnahme bzw. Erkenntnis) ereignen kann. Paulus knüpfte an die Sprache seiner Hörerinnen und Hörer an, an Formen und Inhalte des kulturellen und religiösen Lebens, an allgemein verbreitete (popular-)philosophische Einsichten und Wertvorstellungen. Jede Missionstätigkeit zielt auf Zustimmung. Strittig ist nun in der Forschung, welchen Platz das zustimmende, doxastische Fürwahrhalten in Paulus' Glaubensverständnis einnimmt.

Wenn *pistis*, wie Erwin Wissmann in seiner von Rudolf Bultmann betreuten «Licentiatenarbeit» resümiert, «ihre Heimat lediglich in der Missionsarbeit hat», könne Glauben nichts anderes sein als «glauben im nackten, nüchternen Sinn der bejahenden Aneignung und Zustimmung»[29], als dogmatisches «Fürwahrhalten des christlichen Kerygmas»[30]. Die *fides salvifica* sei somit identisch mit der *fides historica*, der Heilsglaube mit dem dogmatischen Glauben. Dies zeige sich auch darin, dass der Glaube primär die Heilstatsachen der Vergangenheit in sich aufnehme und die Zukunft erst sekundär in den Blick komme.[31] Anknüpfungspunkt wäre demzufolge zuallererst der Intellekt, der den Inhalt der Missionsbotschaft bejaht. Bultmann scheint zunächst in dieselbe Kerbe zu schlagen wie sein Schüler, doch er vermeidet dessen Einseitigkeiten, indem er sie existentialistisch umformt: «Ist die *pistis* die gläubige Annahme dessen, was das Kerygma verkündigt, so reduziert sie sich doch nicht auf eine fides historica, weil sie als das Bekenntnis zu Gottes Tat deren Gültigkeit je für mich anerkennt.»[32] Sie beziehe sich ferner keineswegs nur auf die Vergangenheit, sondern weil «Gottes Tat in der Vergangenheit seine eschatologische Tat ist», bestimme sie «zugleich über alle Zukunft».[33] Anknüpfungspunkt ist nach Bultmann nicht irgendein Punkt «*im* Menschen, in seinem Geistesleben, in seiner Geschichte [...] Vielmehr: *der Mensch in seiner Existenz, als ganzer, ist der Anknüpfungspunkt.*»[34]

---

29 *Erwin Wissmann*, Das Verhältnis von ΠΙΣΤΙΣ und Christusfrömmigkeit, S. 66f.
30 *Erwin Wissmann*, Das Verhältnis von ΠΙΣΤΙΣ und Christusfrömmigkeit, S. 38.
31 *Erwin Wissmann*, Das Verhältnis von ΠΙΣΤΙΣ und Christusfrömmigkeit, S. 55.
32 *Rudolf Bultmann*, Art. πιστεύω κτλ., S. 218f.
33 *Rudolf Bultmann*, Art. πιστεύω κτλ., S. 223.
34 *Rudolf Bultmann*, Anknüpfung und Widerspruch, S. 120f.

Ungeachtet der jeweiligen theologischen Profilierungen kann als Forschungskonsens festgehalten werden, dass die Zustimmung als Element des Glaubens ihren «Sitz im Leben» zunächst in der Mission hat. Sie spielt nun aber auch in anderer Form eine Rolle in der brieflichen Kommunikation des Paulus. Als Autor hat Paulus den Glauben, den er verkündigte, seiner Zeit entsprechend denkerisch verantwortet und auf Überzeugung und Zustimmung der Rezipienten abgezielt. Dabei sind alle seine Briefe Gelegenheitsschriften, die sich einem aktuellen Anlass verdanken und eine bestimmte Kommunikationssituation zu bewältigen versuchen. Ein unbekannter Philosoph aus dem vierten Jahrhundert kommt bei der Betrachtung der paulinischen Briefe allerdings zu einem vernichtenden Urteil: «Ein Theaterstücklein, wie es noch niemand erfunden hat! Ein Ausspruch, so fremd und so widerspruchsvoll! Ein Wort, das sich selbst durch das eigene Schwert vernichtet! Ein ganz seltsamer Schuss, der zum Schützen zurückkehrt und ihn selbst trifft!»[35] Weniger aus Polemik als aus fundierter Kenntnis des griechischen Schrifttums bekennt der Philologe Eduard Norden (1868–1941), dass er Paulus als Schriftsteller «nur sehr schwer verstehe», weil er auf eine fremdartige Weise argumentiere und weil er in eigenwilliger Weise die Mittel griechischer Rhetorik gebrauche. Für die Paulusbriefe seien «nicht einmal Anklänge [...] weder an Platon noch an irgendeinen anderen hellenistischen Schriftsteller nachgewiesen worden».[36]

Neueren literar- und formgeschichtlichen Untersuchungen zufolge halten die Paulusbriefe dem literarischen Vergleich mit der antiken Briefliteratur aber durchaus stand. Insbesondere der Galaterbrief lässt eine gründliche rhetorische Ausbildung erkennen, die sich Paulus wohl in Jerusalem angeeignet hat. Viele Details des «vorchristlichen Paulus», damit auch die seiner Ausbildung, liegen zwar im Dunkeln. Doch vermutet Martin Hengel, «dass Paulus die Grundkenntnisse seiner unbezweifelbaren, nicht an klassischen Literaturvorbildern orientierten rhetorischen Kunst in der praktischen Anwendung in der griechisch sprechenden Synagoge in Jerusalem gelernt hat, wo er bei der großen und ständig wechselnden Zahl der jüdischen und ‹gottesfürchtigen› Pilger aus der Diaspora eine breite Anwendungsmöglichkeit besaß».[37] Die Verschränkung und Verschmelzung von jüdischer und griechischer Denkwelt ist auch in der Ausbildung des Apostels sichtbar.

---

35 Zitiert bei *Moisés Mayordomo*, Argumentiert Paulus logisch?, S. 1. Das Zitat findet sich in einem literarischen Streitgespräch aus der zweiten Hälfte des vierten Jahrhunderts zwischen Makarius Magnes, dem Bischof von Magnesia, und einem unbekannten Philosophen.

36 *Eduard Norden*, Die antike Kunstprosa 2, S. 499f.; 506f., 496f. Vgl. *Martin Hengel*, Der vorchristliche Paulus, S. 237.

37 *Martin Hengel*, Der vorchristliche Paulus, S. 261f.

Unabhängig von einer etwaigen formalen Rhetorikausbildung muss sich die Argumentationslogik und -strategie «wie die Grammatik eines Textes unabhängig von der Frage nach dem tatsächlichen Fachwissen in Logik oder in Grammatik analysieren» lassen.[38] Die heutige Exegese fällt ein deutlich optimistischeres Urteil darüber als noch der oben zitierte Verächter der paulinischen Redekunst. Man verweist auf die systematisierende Kraft des Apostels sowie auf seine Fähigkeit, wesentliche Themen zu erkennen, ihr Verhältnis zueinander zu bestimmen und sie mittels geeigneter literarischer Ausdrucksformen mit den konkreten Gemeindesituationen in Beziehung zu setzen. Keiner seiner Briefe verkörpert die epistolarische Idealform, wie sie in den antiken Rhetorikschulen gelehrt wurde; sie stellen eine Mischform dar, sind länger als antike Briefe und bereits bei Abfassung für den öffentlichen Vortrag im Gottesdienst bestimmt. Doch alle integrieren Elemente griechisch-römischer Brieftopik (z. B. Autobiographie, ethische Ansprüche, Anklage, Verteidigung) und arbeiten mit geläufigen literarischen Kunstformen (z. B. Antithesen, Typologien, Vergleiche, Kettenschlüsse, Septuaginta-Zitate, Einwürfe der Kontrahenten). Aus der Art und Weise, wie Paulus in seinen Briefen literarische Formen, epistolarische Motive und rhetorische Strategien zum Einsatz bringt, tritt der Anspruch entgegen, klar und einsichtig und kontextuell sensibel zu argumentieren. Auch darin liegt ein entscheidender Anknüpfungspunkt seiner Theologie.

Exegese

Der Frage nach dem Anknüpfungspunkt in diesem «ganz simplen Sinne»[39] ist im Folgenden mit Blick auf den Glauben bei Paulus nachzugehen. Man wird freilich keinen Beleg finden, in dem Paulus von einer geistigen Veranlagung im Menschen spricht, auf welche das Wort wie auf einen bereiteten Boden fällt. Nirgends fasst Paulus den Glauben als ein natürlich vorhandenes menschliches Aneignungsvermögen, als *organon lepticon* auf. Doch man stößt auf bemerkenswerte Passagen in seinen Briefen, die einen Einblick geben in die Art und Weise, wie er sich in seiner missionarischen und literarischen Tätigkeit vom geistigen und religiösen Leben der Völkerwelt hat beeinflussen lassen, wie er die Sinnhaftigkeit und Vernünftigkeit seiner Botschaft verfochten hat und wie er sich Sinn und Vernunft des Menschen vorgestellt hat. Die Strukturelemente des Glaubens als Fürwahrhalten und Überzeugtsein zeigen sich bei Paulus im Kontext seiner Mission und «Missionstheologie» sowie in der Logik und Gedankenführung seiner Briefe, die ja «in erster Linie

---

38 *Moisés Mayordomo*, Argumentiert Paulus logisch?, S. 26.
39 So *Rudolf Bultmann*, Anknüpfung und Widerspruch, S. 122.

literarische Nebenprodukte der urchristlichen Mission und nicht Lehrbücher einer Schule des Paulus» sind.[40] Im Rückblick auf seine Berufung erinnert sich Paulus, dass er bei den christlichen Gemeinden in Judäa am Anfang seiner Missionstätigkeit noch nicht persönlich bekannt war. «Sie hatten nur gehört: Der uns früher verfolgte, der predigt jetzt den Glauben, den er früher zu zerstören suchte» (Gal 1,23)'. Hier steht der Glaube stellvertretend für die christliche Bewegung und den Glaubensinhalt.[41] Paulus hat sich den ersten Christen nicht zuallererst als Repräsentant einer «Christusmystik»[42] oder «Christusmetaphysik»[43] eingeprägt, sondern als Prediger des Glaubens. Der in Gestalt der Predigt ergehenden «Kommunikation des Evangeliums» wohnt wie jedem Kommunikationsgeschehen das Ziel inne, Einverständnis und Zustimmung herbeizuführen. Paulus verkündigt den Glauben (*fides quae creditur*), um bei den Hörerinnen und Hörern Glauben zu wecken (*fides qua creditur*)[44]; die *pistis* bildet «die entscheidende Klammer» zwischen Apostel und Hörerschaft.[45] Zugleich lassen sich aus dieser Klammer die beiden Dimensionen der «homiletischen Theorie» des Paulus ablesen: Seine Verkündigung zeichnet zum einen – etwas anachronistisch gesagt – eine «solide ‹Wort-Gottes-Theologie›» aus,[46] zum andern stellt sie ihn ganz auf die Seite der Menschen und macht ihn zum «Anwalt der Hörergemeinde». Im Wissen um die Unverfügbarkeit des Glaubens schöpfte er alle ihm zur Verfügung stehenden Mittel aus. An Paulus' missionarischem Handeln wird erkennbar, was «das Kennzeichnende des Werkes des Geistes ist», nämlich «dass er uns ans Werk setzt».[47] Insofern ist er als Verkündiger des Glaubens «Mitarbeiter Gottes» (*syn-ergos*). An einigen Einzelbeobachtungen wird diese doppelte Dimension augenfällig.

---

40 *Klaus Haacker*, Art. Glaube, S. 297f.

41 Durch diesen Sprachgebrauch ist die spätere Verwendung von «Glaube» im Sinne von Religion zwar noch nicht vorweggenommen, aber bereits vorbereitet.

42 Vgl. *Erwin Wissmann*, Das Verhältnis von ΠΙΣΤΙΣ und Christusfrömmigkeit.

43 *Ernst Lohmeyer*, Grundlagen paulinischer Theologie, S. 145.

44 Die Unterscheidung von *fides quae creditur* (Glaubensinhalt) und *fides qua creditur* (Glaubensvollzug) ist bei Augustin angelegt (vgl. *Dieter Lührmann*, Glaube im frühen Christentum, S. 88) und seit den «Loci» *Johann Gerhard*s ein Gemeinplatz der Dogmatik, auf das Neue Testament jedoch nur unter Vorbehalt anzuwenden (vgl. *Bernd Mutschler*, Glaube in den Pastoralbriefen, S. 42).

45 *Axel von Dobbeler*, Metaphernkonflikt und Missionsstrategie, S. 20.

46 *Martin Hengel* und *Anna Maria Schwemer*, Paulus zwischen Damaskus und Antiochien, S. 455.

47 *Rudolf Bohren*, Predigtlehre, S. 76. Bohren spricht von einer «gottgesetzte[n] Wechselseitigkeit und Gegenseitigkeit» («Theonome Reziprozität»).

Aus seinen Briefen kann man schließen, dass er in seiner Predigt den Sinn für das Menschliche und den Moment bewahrte und mit Bedacht auf konkrete Anfragen und seelsorgerliche Probleme in den Gemeinden einging. Auch wenn die Briefe des Paulus keine Missionsansprache beinhalten, ist es unbestritten, dass sich Paulus auf seinen Missionsstationen günstige Kommunikationssituationen sucht und schafft, in denen er den Glauben predigen und seine Hörerinnen und Hörer von ihm überzeugen will. Um des Evangeliums willen tut er alles, «um möglichst viele zu gewinnen» (1Kor 9,19). Schon seine Missionsreisen lassen strategisches Planen erkennen.[48] Er macht sich seine Redekunst, Schriftgelehrsamkeit und seinen sozialen Status zunutze. Ein angemessenes Auftreten und gefällige Rede wurden von damaligen Predigern und Propagandisten erwartet. Seine Gegner in Korinth allerdings wussten sich ihm darin überlegen und urteilen: «Gewiss – seine Briefe, heißt es, sind gewichtig und voller Kraft, sein persönliches Auftreten aber ist schwach, und seine Rede taugt nichts» (2Kor 10,10). Trotz dieses Urteils kann man ihm sicher nicht unterstellen, dass er alles ausscheidet, «was eine zusätzliche menschliche Unterstützung für seine Botschaft wäre.»[49] Wenn er bekundet, dass er «nicht mit großartigen Worten und abgründiger Weisheit» daherkommt (1Kor 2,1), dann zeigt das die aus der Perspektive des Glaubens gewonnene Einsicht, dass seine Predigt allein im Dienst des Gekreuzigten stehen und nur «in der Kraft, im heiligen Geist und mit voller Gewissheit» (1Thess 1,5) seine Wirkung auf den Glauben hin entfalten kann. Auf die sprachlich verfasste und auf Glauben zielende Kommunikation des Evangeliums weist auch Paulus' Ausdruck «Glaubensverkündigung» hin (Gal 3,2.5). Die «Glaubensverkündigung» bringt Gott zur Sprache, indem sie sich an Tod und Auferstehung Christi bindet und Christus als Grund und Inhalt des Glaubens in den Mittelpunkt rückt.

Da die Glaubensterminologie im Kontext der Mission ansässig ist und nicht erst aus nachträglicher innergemeindlicher Reflexion entstammt, sind gemeinsame Verstehensbedingungen gegeben und die Geläufigkeit der Rede vom Glauben vorausgesetzt. Dies gilt unabhängig davon, ob unter den Hörerinnen und Hörern des Paulus «Juden, heidnische Sympathisanten oder Heiden ohne Affinität zum Judentum» waren.[50] Die Apostelgeschichte berichtet, dass Paulus in seinem Missionszeugnis (Apg 13,39; 16,31; vgl. 10,43) und in Aussagen über den Inhalt der Missionsbotschaft vom Glauben sprach und zum Glauben aufgerufen hat: «Vor Juden und Griechen habe ich Zeugnis ab-

---

48   Vgl. *Rainer Riesner*, Die Frühzeit des Apostels Paulus.
49   So aber *Hans Conzelmann*, Der erste Brief an die Korinther, S. 75.
50   *Klaus Haacker*, Art. Glaube, S. 297.

gelegt von der Umkehr zu Gott und vom Glauben an Jesus, unseren Herrn»
(Apg 20,21; vgl. 24,24). Im ersten Thessalonicherbrief, seinem ersten erhal-
tenen Schreiben, nennt er mehrere Male den Begriff *pistis*, ohne ihn näher zu
erklären. «Was Glaube ist, worauf er sich gründet und wie er sich auswirkt,
hatte er offenbar der Gemeinde bei dem relativ kurzen Gründungsaufenthalt
fest ins Herz geschrieben.»[51] Charakteristisch ist in 1Thess 1,8–10 die Kop-
pelung des Glaubens mit einer weitreichenden Lebenskehre «weg von den
nichtigen Göttern» hin zu dem «lebendigen und wahren Gott» (vgl. Mk 1,15;
Hebr 6,1).

Bei allem ersichtlichen Bemühen um die «Anknüpfung» der Botschaft im
Innern des Menschen, ist es die Erfahrung des Missionars und die Einsicht
des Theologen: Dass Menschen infolge seines missionarischen Wirkens dem
Evangelium zustimmen, es annehmen und ganzheitlich von ihm erfasst werden – dass sie also «zum Glauben kommen»[52] – ist nun weder ein natürlicher
noch ein vernünftiger Vorgang. Es ist allein Gottes Werk, wenn «einige»
(1Kor 9,22) der Nachricht von der Geschichte Jesu, die die neue Geschichte
Gottes mit dem Menschen bestimmt, Glauben schenken; wenn sie der «Gestalt der Lehre» «von ganzem Herzen gehorsam» werden (Röm 6,17); wenn
aus der Verkündigung ein «Sprachereignis des Glaubens»[53] wird. Glaube
entsteht nicht durch ekstatische Geisterfahrungen oder mystisch-rituelle Voll-
züge, sondern dadurch, dass das Evangelium durch den Geist Christi «Kraft
hat, zum Glauben zu überzeugen» (vgl. 1Kor 15,45; 2Kor 3,17; Gal 4,6).[54]
Diese dem Evangelium innewohnende Kraft (Röm 1,16; 1Kor 1,18) macht
den Menschen überhaupt erst empfänglich für das Fürwahrhalten und die
Annahme des Kerygmas. Das, was die Glaubenden sehen, sehen sie aus der
Sicht der Offenbarung. Denn der Glaube, so ein Bild aus einer Predigt Lu-

---

51 *Martin Hengel* und *Anna Maria Schwemer*, Paulus zwischen Damaskus und Antiochien,
S. 455f. Verweise auf die Glaubensterminologie im Missionsgeschehen finden sich neben
1Thess 1,8–10; 2,16 und Gal 3,2.5 auch in Röm 1,5.16–17; 10,14–21; 15,15–21; 1Kor 15,2.
52 An zahlreichen Stellen spricht die Apostelgeschichte vom «Zum Glauben kommen» der
Menschen aufgrund der Predigt des Paulus. In der Aorist-Form, die das einmalige Geschehen des Eintritts in den Glauben ausdrückt: Apg 13,12.48; 14,1; 17,12.34; 18,8 (vgl. denselben Sprachgebrauch im Hinblick auf die Verkündigung anderer: Apg 4,4; 8,13; 9,42;
11,17.21; 15,7); in der Perfekt-Form, die auf diesen einmaligen Akt Bezug nimmt: Apg
16,34; 19,18 (vgl. Apg 15,5; 18,27; 21,21.25; daneben 2Tim 1,12; Tit 3,8; 1Johr 4,16; 5,10).
Der Aorist findet sich in diesem Sinne bei Paulus in 1Kor 3,5; 15,2.11; vgl. Röm 10,14;
13,11; Gal 2,16; daneben Eph 1,13; 2Thess 1,10; Hebr 4,3; 11,6.; Jud 5. Dieser Sprachgebrauch
kann also mit gutem Recht als «gemeinchristlich» bezeichnet werden (*Klaus Haacker*, Art.
Glaube, S. 297).
53 So die Formulierung von *Ernst Fuchs*.
54 *Jürgen Becker*, Paulus, S. 441.

thers, «wächst nicht in unseren Gärten»[55]; er ist «keine Blüte im Garten des menschlichen Geistes»[56].

Die vorstehenden Ausführungen gingen davon aus, dass die Missionspredigt der ursprüngliche Ort der Glaubensterminologie ist. Wahrscheinlich ist die Missionspredigt auch «[a]ls Erklärung für die explosionsartige Steigerung des Redens vom Glauben im Neuen Testament» in Betracht zu ziehen.[57] Doch Paulus versuchte nicht nur als Prediger und Missionar, sondern auch durch seine Briefe die Menschen durch nachvollziehbare Gedankengänge, überzeugende Schriftauslegung und den Rückgriff auf gemeinsame Bekenntnistraditionen für den Glauben zu gewinnen. Es ist sicherlich richtig, dass seine Briefe «gegenüber der Fülle seiner mündlichen Predigt in mehr als 20 Missionsjahren nur parerga et paralipomena» sind, doch nicht zuletzt aufgrund der paulinischen «Hermeneutik des Glaubens» wurden sie als «eindrücklich, ja einzigartig» empfunden (vgl. 2Kor 10,10).[58] Der Glaube ist Kriterium für alles Denken und Urteilen, für die Deutung der Wirklichkeit überhaupt. «[I]ndem Paulus die Erkenntnis Jesu Christi dem gläubigen Denken zum alleinigen Maßstab verpflichtend vorschreibt, tätigt er implizit zwei grundlegende Aussagen: Einmal wird der Glaube so aus dem Bereich des Irrationalen oder Willkürlich-Subjektiven verbannt. Es gibt gleichsam eine innere Denkbewegung des Glaubens, die sich argumentativ ausweisen kann und soll.» Zum anderen birgt das Evangelium «in sich die Ermöglichung, schlechterdings alles zu verstehen. Vor ihm bleibt nichts, wie es war, bringt es doch einen die Erkenntnis leitenden neuen Inhalt, der zu einer neuen Sicht in bezug auf alle Dinge führen muss.»[59]

Unter diesen Prämissen ist die Beobachtung äußerst bedeutsam, dass die *pistis* im Römerbrief aus sachlicher und rhetorischer Sicht Dreh- und Angelpunkt und zugleich «strittiger Punkt» ist.[60] Paulus macht den Glauben zum hermeneutischen Schlüssel seines «Christianae doctrinae Compendium»[61], und zugleich ist unübersehbar, dass für ihn der Glaube die Wirklichkeit als ganze erschließt. Die vierfache Nennung des Glaubens in den vielschichtigen Leitversen Röm 1,16–17 ist ein deutliches Signal für dessen Bedeutsamkeit: «Denn ich schäme mich des Evangeliums nicht; eine Kraft Gottes ist es

55   *Martin Luther*, Predigt vom 17. März 1525, WA 17/1, S. 117.
56   *Rudolf Bultmann*, Anknüpfung und Widerspruch, S. 118 (eine Position wiedergebend, mit der er sich kritisch auseinandersetzt).
57   *Klaus Haacker*, Art. Glaube, S. 297.
58   *Martin Hengel*, Der vorchristliche Paulus, S. 262.
59   *Jürgen Becker*, Paulus, S. 399.
60   Vgl. zum Folgenden *Michael Theobald*, Der «strittige Punkt».
61   Als «Kompendium christlicher Lehre» bezeichnet *Philipp Melanchthon* den Römerbrief.

[nämlich] zur Rettung für jeden, der glaubt, für die Juden zuerst und auch für die Griechen. Gottes Gerechtigkeit nämlich wird in ihm offenbart, aus Glauben zu Glauben, wie geschrieben steht: ‹Der aus Glauben Gerechte aber wird leben› (Hab 2,4).»

Nach den Regeln antiker Rhetorik stellt der Leitsatz (*propositio*) den «gedankliche[n] Kernbestand» und den Beginn der folgenden Beweisführung dar.[62] Auf jedem einzelnen Wort liegt Gewicht. Das «Evangelium» als machtund heilvolles Werkzeug zur Rettung aller, die glauben, ist für Paulus das Leitwort, das er expliziert. «Kraft Gottes» und «Gerechtigkeit Gottes» stellt er betont vor die beiden folgenden Begründungssätze. Und doch «scheint der Brennpunkt der Satzreihe insgesamt [...] die Glaubensthematik zu sein, denn sie ist es, die alle einzelnen Aussagen zusammenbindet».[63] Was Paulus über das Evangelium, die Kraft und Gerechtigkeit Gottes sagt, ist bei seinen Adressaten unumstritten; aber dass dies alles auf den Glauben hinausläuft und an den Glauben gebunden ist, das erweist sich als Stein des Anstoßes.[64] In den Einleitungsversen wird «Glaube» zwar noch unbestimmt und unpolemisch verwendet, aber im Verlauf des Briefes, wenn seine Entgegensetzung zum Gesetz, seine Ausschließlichkeit und seine Christusbezogenheit explizit werden, entfaltet er seinen ausgeprägt «kontroverstheologischen» Zug. Freilich denkt Paulus auch die nicht modifizierte Rede von *pistis* christologisch; es ist für ihn schlicht unmöglich, unter Absehen von Christus vom Glauben zu sprechen.

Für die Auslegung des Römerbriefs legt sich nun nahe, diesen «am meisten umstrittenen und alles umfassenden Begriff des Glaubens»[65] in den zentralen Aussagen und entscheidenden Wendungen des Gedankengangs zu erwarten. (1) Den Glaubensgehorsam zu erwirken (Röm 1,5) ist das Ziel seines Apostolats, die Offenbarung der Gerechtigkeit Gottes «aus Glauben zu Glauben» (Röm 1,17) sein Grund und Inhalt. M. E. kann man annehmen, dass die schillernde Wendung «*aus Glauben zu Glauben*» auch die Struktur der folgenden Hauptschritte vorgibt, die zunächst aber durch die große «Parenthese» Röm 1,18–3,20 unterbrochen ist. Dort beschreibt Paulus nämlich die

---

62 *Heinrich Lausberg*, Handbuch der literarischen Rhetorik, § 346. Vgl. *Quintilian*, Institutio oratoria, 4,1,1 («propositio [...] omnis confirmationis initium»). Die Besonderheit des Römerbriefs liegt darin, dass er sich *einem* Thema widmet, während z. B. im Ersten Korintherbrief verschiedene Probleme verhandelt werden. Umso stärker fällt die dem Römerbrief eigene Konzentration auf den Glauben ins Gewicht.

63 *Michael Theobald*, Der «strittige Punkt», S. 283.

64 Meist wird jedoch die Gerechtigkeit Gottes als Schlüsselbegriff des Briefes angesehen (vgl. z. B. *Udo Schnelle*, Paulus, S. 348).

65 *Ernst Lohmeyer*, Grundlagen paulinischer Theologie, S. 115.

Realität der «christus- und glaubenslosen» Sphäre,[66] die die Signatur des Gotteszornes und der Sünde aller Menschen trägt. (2) Dieses universale Vakuum, das nichts weniger als den «globalen Unheilszustand der Gesamtmenschheit»[67] charakterisiert, kann nur «*aus Glauben*», durch den «Christusglauben», ausgefüllt werden (Röm 3,21–31). Ihn identifiziert Paulus mit der von Gott gesetzten neuen Heilszeit, in der ein neues «Prinzip» gültig ist, welches besagt: «Er ist gerecht und macht gerecht den, der aus dem ‹Jesusglauben› lebt» (Röm 3,26). (3) In Röm 4,1–25 weist Paulus die Schriftgemäßheit dieses Gedankens nach und lenkt den Blick auf die Gestalt Abrahams, der in typologischer Weise den individuellen Glauben und das Eintreten «*in (den) Glauben*» verkörpert und so zu einer «ekklesiologischen» Figur wird, mit der sich die «Gesamtmenschheit», Juden wie Heiden, identifizieren kann, und der den Übertritt vom Unglauben in den Glauben, vom Unheil ins Heil verkörpert. (4) Die «Ringkomposition» Röm 5–8, die durch die neuen theologischen Zentralbegriffe «Hoffnung», «Leben», «Liebe», «Geist», «Tod» eingerahmt ist, wird vom Einleitungsvers Röm 5,1 in das Licht der Glaubensgerechtigkeit gestellt: «Sind wir nun aus Glauben gerecht gesprochen, so haben wir Frieden mit Gott durch unseren Herrn Jesus Christus.» Was die Glaubenden durch Gottes Gerechtsprechung erhalten haben, entfalten sie im konkreten Lebensvollzug als «neuen Gehorsam», als ein neues Leben «nach dem Geist» (Röm 8,4). (5) Fehlt in diesem Abschnitt erwartungsgemäß der Begriff «Glaube» (mit Ausnahme von Röm 6,8), spitzt sich dessen Problematik in Röm 9–11 dramatisch zu: Paulus ist persönlich zutiefst betroffen und «voll Trauer» (Röm 9,2), dass Israel den Weg des Gesetzes und nicht den Weg des Glaubens geht. Israel sucht seine eigene Gerechtigkeit aufzurichten (Röm 10,3) und stößt sich am «Stein des Anstoßes» – obwohl doch gilt: «wer auf *ihn* vertraut, wird nicht bloßgestellt werden» (Röm 9,33). (6) Auch in den folgenden paränetischen (Röm 12,3–8) und ekklesiologischen (Röm 14,1–15,6) Abschnitten bleibt der Glaube grundlegendes Kriterium für die Beziehung des Menschen zu Gott und für sein verantwortliches Handeln in der Gemeinde; im Gebetswunsch, den Paulus an den Schluss des Briefes setzt, versammelt er wichtige Leitbegriffe und akzentuiert erneut den Glauben, indem er ihn durch das Gottesprädikat («Gott der Hoffnung») eschatologisch öffnet: «Der Gott der Hoffnung aber erfülle euch mit aller Freude und allem Frieden im Glauben» (Röm 15,33).

Als Ergebnis kann festgehalten werden: Paulus zielt in seiner Missions-

---

66 Paulus redet in Röm 1,18–3,20 nicht vom Glauben (in Röm 3,2–3 bedeutet *pistis* «Treue»), und er erwähnt Jesus Christus nur in Röm 2,16.

67 *Jürgen Becker*, Paulus, S. 373.

predigt auf Überzeugung des Gegenübers, und seinen Briefen wohnt der Anspruch auf intellektuelle Redlichkeit und eine stringente Argumentationslogik inne – ja im Römerbrief verwendet er sogar den Glauben als literarischen Topos, den er an den entscheidenden Wendungen seines Textes ausspielt, um gerade durch das Glaubensmotiv auf Glauben hinzuwirken –, doch immer drängt sein Gebrauch der Glaubensterminologie über die Bedeutung des bloßen intellektuellen Aneignens hinaus und fasst darin eine die ganze Existenz in Beschlag nehmende Gottesbeziehung.

Verstehenshorizont

Auch dem Alten Testament ist das Glauben im Sinne des Fürwahrhaltens eines Wortes oder einer Nachricht nicht unbekannt.[68] Doch zeigt sich bei näherem Hinsehen, dass solches Glauben nicht auf ein formales Anerkennen beschränkt bleibt, sondern stets ein dem Inhalt der anerkannten Sache entsprechendes Verhalten einschließt und auf ein «personhaftes Verhältnis» verweist; «denn auch hinter dem Wort, dem man glaubt, steht der Mensch, dem man traut».[69] Was diesen profanen Gebrauch des «Glaubens» charakterisiert, gilt analog für die religiöse Verwendung, wenn Glaube die Anerkennung der Verheißung (Gen 15,6; Ps 106,12) und der Wundertaten Gottes (Ps 78,32) meint. Auch in solchen Zusammenhängen ist eine Nähe zum personalen Vertrauen gegeben.

In der jüdischen Theologie denkt man beim Glauben weiterhin an das Fürwahrhalten der göttlichen Verheißungen[70] oder einzelner Elemente des Glaubensinhalts[71]. Doch schon in den Spätschichten des Alten Testaments kristallisiert sich ein Sprachgebrauch heraus, der den Glauben als «Fürwahrhalten» dem «Heidentum» gegenüberstellt und ihn als (neues) ganzheitliches Gottesverhältnis versteht. Solche Bekehrungssprache verwenden bereits die Jona-Erzählung (Jon 3,5: «Da glaubten die Menschen von Ninive Gott und riefen ein Fasten aus») und der Judit-Roman (Judit 14,10: «Als aber Achior [sc. der Feldherr der Ammoniter] alles sah, was der Gott Israels gemacht hatte, glaubte er Gott und ließ sich beschneiden»). Vor allem im hellenistischen Judentum meint «Glaube» dann die Anerkennung des monotheisti-

---

68 Vgl. Gen 45,26; Ex 4,1.8–9; 1Kön 10,7 = 2Chr 9,6; Jer 40,14; Jes 53,1; Hab 1,5; 2Chr 32,15.

69 *Artur Weiser*, Art. πιστεύω κτλ., S. 186.

70 Vgl. Sapientia 18,6: «Jene Nacht [sc. des Exodus] war unseren Vätern vorhergesagt, damit sie in unerschütterlicher Gewissheit froh würden über die Verheißungen, denen sie glaubten.»

71 Vgl. syrischer Baruch 57,2: «In jener Zeit [sc. Abrahams und seiner Kinder] galt ihnen doch ein ungeschriebenes Gesetz, die Werke der Gebote wurden damals schon getan, der Glaube an das kommende Gericht ward damals schon erweckt […]»

schen Glaubens und «ein *grundlegendes* Verhalten», das über die Zustimmung zu einzelnen Verheißungsworten oder Glaubensinhalten hinausgeht.[72] Die Literatur aus dem pagan-griechischen Sprachraum weist demgegenüber ein etwas anderes Erscheinungsbild auf, insofern sich dort die *pistis* häufig auf das Fürwahrhalten der Existenz von Göttern an sich bezieht,[73] ohne dass sich daraus unmittelbare handlungsleitende Konsequenzen ableiten ließen. Doch «[w]eitaus die meisten Texte, in denen Glauben religiöse Bedeutung hat, beziehen sich auf das Orakelwesen oder verweisen in diesen Zusammenhang».[74] In kritischen Entscheidungssituationen, im persönlichen wie politischen Bereich, wird vom Orakel eine Auskunft erbeten. Dessen Spruch ergeht – vermittelt und interpretiert durch die Priester – an den Hilfesuchenden, der die angebotene Deutung «für wahr hält», sich von ihr überführen lässt und nunmehr seinem Schicksal entgegensieht. Zu denken ist hier auch an die Votivtäfelchen aus dem Asklepios-Heiligtum in Epidauros (zweite Hälfte des 4. Jh. v. Chr.), auf denen die Forderung begegnet, bestimmte Wundertaten der Götter anzuerkennen, um nicht als «ungläubig» dazustehen.

Die sophistische Kritik am mythischen Götterglauben und an der überlieferten Religiosität ließ jedoch den Umgang mit Orakelsprüchen und Sehern nicht unberührt. Gerade die großen Tragiker Aischylos (ca. 525–456 v. Chr.), Sophokles (ca. 497–406 v. Chr.) und Euripides (ca. 480–406 v. Chr.) thematisieren den Konflikt um den Anerkennungsglauben traditioneller Frömmigkeit und die «aufgeklärte» Naturphilosophie. Bei Sophokles liegt die «tragische Ironie» darin, «dass die Orakel zwar auf Glauben verweisen und angewiesen sind, aber sich in der Dimension menschlichen Handelns und Leidens erfüllen und bestätigen. [...] Im Grunde findet der Götterspruch erst Glauben, wenn er am Geschehen zu sehen ist.»[75] Noch deutlicher kommt die Krise des Götterglaubens bei Euripides zum Vorschein. In einem langen Gespräch versucht Theseus den lebensmüden Herakles zu trösten, indem er ihn an Gewalttaten und schuldhaftes Handeln in der Götterwelt erinnert. Doch Herakles begegnet den wohlmeinenden Worten des Theseus mit Ablehnung: Nie habe er solche Mythen anerkannt, noch werde er sich je davon überzeugen lassen; ein Gott – ist er wahrhaft Gott – bedarf nichts. «Das sind armselige Sängerworte nur!»[76]

---

72 *Egon Brandenburger*, Pistis und Soteria, S. 169.
73 *Gerhard Barth*, Pistis in hellenistischer Religiosität, S. 123.
74 *Gerd Schunack*, Glaube in griechischer Religiosität, S. 299.
75 *Gerd Schunack*, Glaube in griechischer Religiosität, S. 306.
76 *Euripides*, Herakles, 1340–1346 (hier fehlt allerdings der Stamm *pist-*). Die Argumente, die aus Munde des Herakles laut werden, erinnern an die Mythologie-Kritik des *Xenophanes* (ca. 570–470 v. Chr.), der die Erzählungen eines Homer oder Hesiod als unglaubwürdig darstellte.

Solche «Glaubenskritik» bildet die Hintergrundfolie für den Spott der «aufge-
klärten» Athener (Apg 17,32) und die Verhöhnung der paulinischen Predigt
als Torheit in Korinth (1Kor 1,18). Im Hinblick auf erkenntnistheoretische Fragestellungen hat sich Platos
(ca. 428–348 v. Chr.) Stufenmodell verschiedener Erkenntnisweisen als äu-
ßerst wirkmächtig erwiesen, sowohl für die Philosophie wie auch für die
Theologie. «Während im Horizont des Orakel- und Götterglaubens das Göttliche im Verhältnis zum zeitlichen Lebensgeschick des einzelnen Menschen
wahrgenommen wird, erscheint es im Horizont philosophischen Erkennens
als immerwährend und unvergänglich, dem Bereich zeitlicher, geschichtlicher
Erfahrung enthoben, sich selbst genügend und in Wahrheit nur dem Denken
erschlossen.»[77] Für Plato ist die *pistis* «Ausdruck für eine Erkenntnisweise min-
deren Ranges», nämlich «eine Erkenntnisweise des Fürwahrhaltens (*doxa*).»[78]
Sie bleibt in aller Regel beschränkt auf «ein Fürwahrhalten, das sich auf
‹Überredung›, nicht auf Belehrung und klare Erkenntnis verlässt».[79] Das «Li-
niengleichnis» aus der «Politeia»[80] beschreibt eine Wissenschaft des Seienden, der zufolge vier Erkenntnisstufen zu unterscheiden sind: zunächst die
reine Mutmaßung, dann der Glaube (*pistis*), der auf ungeprüften Voraussetzungen basiert, drittens die Verständigkeit und schließlich die Vernunfterkenntnis, die sich auf die absolute Idee richtet. Mutmaßung und Glaube sind
dem Meinen bzw. Fürwahrhalten (*doxa*) zugeordnet, Verständigkeit und
Vernunfterkenntnis dem Denken (*noesis*).

Platos Bewertung der *pistis* prägt auch seine Einschätzung der Rhetorik:
Mit rhetorischen Mitteln werde eine Überredung angestrebt, die Glauben zum
Ziel hat, nicht jedoch zu wahrer Erkenntnis führen kann.[81] Aristoteles (384–
322 v. Chr.) würdigt demgegenüber die Rhetorik als *techne*, die zwar keine
Gewissheiten erzeugen kann, aber zu einer auf guten Gründen beruhenden
Überzeugung führen und daher auch handlungsleitend sein kann. Plutarch
schließlich gelangt zu einer grundlegend positiven Einschätzung des Glaubens im kommunikativen Prozess und verknüpft ihn mit der Glaubwürdigkeit
des Sprechers: Schwätzern fehlt die Fähigkeit, dicht zu halten; ihr Mund ist
ohne Schloss und Tür, wie die Mündung des Schwarzen Meers. Sie erachten
die Rede als wertlos und erlangen keinen Glauben, obwohl es doch das jeder

---

77 *Gerd Schunack*, Glaube in griechischer Religiosität, S. 314.
78 *Eberhard Jüngel*, «Theologische Wissenschaft und Glaube», S. 20.
79 *Max Pohlenz*, Der hellenische Mensch, S. 39.
80 *Plato*, Politeia 6, 509c–511e.
81 Vgl. *Plato*, Georgias, 454e.

Rede eigentümliche Ziel sei, bei den Hörenden Glauben zu erwirken. Schwätzern dagegen glaubt man nicht, selbst wenn sie die Wahrheit sagen.[82] Es lässt sich zeigen, dass das griechisch-rhetorische Konzept der *pistis* und das neutestamentliche Glaubensverständnis gewisse Strukturmerkmale teilen, darunter insbesondere das «Vertrauen» in die Glaubwürdigkeit des Sprechers (bzw. Gottes) und die «Zustimmung» zur Botschaft (bzw. zum Kerygma).[83] Wenngleich diese Analogie nicht überstrapaziert werden darf, weil sie wesentliche Aspekte des Glaubens ausspart und dessen alttestamentlich-jüdisches Erbe unterbewertet, ist doch auffällig, dass gerade im argumentativ so eindringlichen Römerbrief der Glaube zum Dreh- und Angelpunkt des Gedankengangs avanciert.

Platos Verständnis der *pistis* «als einer bestimmten Weise des Erkennens» hat die «die gängigen Vorstellungen vom christlichen Glauben» nachhaltig beeinflusst und beherrscht bis heute zentrale theologische und philosophische Analysen. Dabei wird allerdings «[d]ie spezifische Eigenart des paulinischen Glaubensbegriffs [...] verstellt».[84] Denn ein solcher philosophischer «Glaube» negiert de facto die Existentialität des Glaubens und abstrahiert ihn zu einer Theorie des Gottesgedankens. Fürwahrhalten und Überzeugtsein sind zwar konstitutive Elemente paulinischen Glaubens, beschreiben ihn aber nicht hinreichend, da bei einem solchen Glaubensverständnis alle personalen und fiduzialen Aspekte ausgeklammert werden.[85] Platos (das paulinische Verständnis des Glaubens verstellender) Einfluss macht sich auch in der geläufigen Abspaltung des Glaubens vom Wissen bemerkbar, die ebenfalls bei Paulus keineswegs angelegt ist und die daher im folgenden Kapitel nun zu problematisieren ist.

Glaube als Wissen und Bekennen

Forschungsgeschichte

Das von Luther herausgestellte Paradoxon des Glaubens, seine kategorische Unvereinbarkeit mit der «säkularen» Vernunft, leuchtet auch bei Paulus in aller Deutlichkeit auf. Die Vernunft stößt unweigerlich an ihre Grenzen, wenn es um den Kern der christlichen Botschaft geht: Die Bedeutung, die Paulus

---

82 Paraphrase von *Plutarch*, De Garrulitate (Moralia 503D).
83 So v. a. *James L. Kinneavy*, Greek Rhetorical Origins of Christian Faith, S. 51.
84 *Eberhard Jüngel*, «Theologische Wissenschaft und Glaube», S. 20. Jüngel verweist auf gelegentliche «Durchbrüche durch diese verstellende Vorstellung vom christlichen Glauben» (Luther, Kierkegaard, Pietismus), die sich jedoch nicht durchsetzen konnten.
85 Vgl. *Ingolf U. Dalferth*, Über Einheit und Vielfalt des christlichen Glaubens, S. 109f.

Kreuz und Auferstehung zumisst, ist auf rationalem Weg weder beweisbar noch nachvollziehbar. Und doch hält Luther (und mit ihm ein breiter Strom der christlichen Theologie) fest, dass gerade «im gekreuzigten Christus die wahre Theologie und Erkenntnis Gottes begründet liegt».[86] Aus dieser in der Heidelberger Disputation im Jahr 1518 formulierten These entwickelte Ernst Käsemann ein theologisches Programm: Die Kreuzestheologie (*theologia crucis*) reformatorischer Prägung[87] sei «das zentrale und in gewisser Hinsicht alleinige Thema» paulinischer Theologie.[88] Sie sichere den Wirklichkeitsbezug des christlichen Glaubens gegen Ideologie und Illusion, d. h. gegen judenchristliche Gesetzesfrömmigkeit und gegen hellenistischen Enthusiasmus, und habe daher wesentlich polemischen und kontroverstheologischen Charakter.

Neuere Untersuchungen gehen von anderen religionsgeschichtlichen Voraussetzungen aus und bestreiten die von Käsemann postulierte polemische Spitze der Kreuzestheologie; ihr komme vielmehr eine einheitsstiftende Funktion zu. Paulus' Ausführungen im Ersten Korintherbrief zeigen, dass nicht die Theologie einer bestimmten Partei destruiert, sondern die Wirklichkeit an sich neu konstituiert werde. Was nach menschlicher Weisheit töricht ist, wird durch Gottes Kraft zur Weisheit. «Das Wort vom Kreuz begründet also seine eigene Semantik und schafft seine eigene (sprachliche) Welt. Es konstituiert einen semantischen Paradigmenwechsel und verlangt seinen Nachvollzug.»[89] Gottes Weisheit kann nur innerhalb des am Kreuz konstituierten semantischen Systems nachvollzogen werden, d. h. sie kann nur im Glauben angenommen werden. Das «Wort vom Kreuz» hat für Paulus also nicht primär kontroverstheologische Relevanz, sondern vor allem eine fundamentaltheologische Funktion, indem es die Frage der Gotteserkenntnis stellt und geradezu eine «Erkenntnistheorie des Glaubens» impliziert.[90] Eine weitere Korrektur an Käsemanns Paulusdeutung ist im Blick auf dessen einseitige Betonung des Kreuzes angebracht worden. Es gibt keine «Kreuzestheologie» ohne «Auferweckungstheologie». Das Kreuz steht in einem untrennbaren sachlichen Zusammenhang mit der Auferweckung – nicht erst seit Paulus, sondern schon in den Glaubensaussagen («Pistisformel»), mit welchen die frühe Christenheit an

---

86 *Martin Luther*, Heidelberger Disputation (1518), WA 1, S. 362.

87 *Ernst Käsemann*, Die Heilsbedeutung des Todes Jesu bei Paulus, S. 61: «Mit äußerster Schärfe muss behauptet werden, dass Paulus historisch wie theologisch von der reformatorischen Einsicht her verstanden werden muss. Jede andere Perspektive erfasst bestenfalls Teile seines Denkens, nicht aber dessen Zentrum.»

88 *Ernst Käsemann*, Die Heilsbedeutung des Todes Jesu bei Paulus, S. 87.

89 *Helmut Merklein*, Das paulinische Paradox des Kreuzes, S. 81.

90 *Peter Stuhlmacher*, Zur hermeneutischen Bedeutung von 1Kor 2,6–16, S. 159.

diese beiden zentralen Heilsereignisse erinnerte und welche Paulus in seine Briefe aufnahm.[91]

Wenn Paulus das «Wort vom Kreuz» als Torheit bezeichnet, dann spricht daraus aber auch die Erfahrung seiner Missionstätigkeit. Die Verkündigung des Christusgeschehens, welches durch seine «schlechthinnige Unableitbarkeit und Analogielosigkeit» charakterisiert ist,[92] war «in griechischen Ohren ein großer Aberglaube, in jüdischen Ohren ein gotteslästerlicher Skandal».[93] Wie aber kann das so Anstößige und Analogielose ins Zentrum der Glaubens- und Gotteserkenntnis rücken? Ist die Konsequenz die, dass es keinen «Weg» zum Glauben an die Heilsereignisse gibt, sondern nur einen «Sprung», wie Kierkegaard meinte? Die Metapher des Sprungs findet sich etwa in Karl Barths Auslegung des Römerbriefes in pointierter Sinngebung, insofern er nämlich dem Sprung ein «Ziel» vorgibt: das «Leere». «Glaube ist die Umkehrung, die radikale Neuorientierung des nackt vor Gott stehenden [...] immer und immer aufs neue der Sprung ins Ungewisse, ins Dunkle, in die leere Luft [...] Glauben ist für alle der Sprung ins Leere. Er ist allen möglich, weil er allen gleich unmöglich ist.»[94] Schon Adolf Schlatter allerdings widersprach: «[...] damit öffnet sich zwischen der Auslegung [Barths] und dem Römerbrief eine tiefe Kluft. Paulus sprang nicht in das Leere, sondern schloss sich Jesus an.»[95] Gottes errettende Gnade werde weder durch einen «Sprung ins Leere» noch «durch Denken und Urteilen, sondern durch Trauen angeeignet; in ihm hat die am Kreuz sich offenbarende Gnade das ihr entsprechende Korrelat».[96]

Das heißt nun aber nicht, dass «der Glaubensakt für Paulus» nun «blind, grund- oder vernunftlos» sei.[97] Er weist nicht nur auf, «*inwiefern* menschliche Vernunft oder Weisheit und christlicher Glaube sich ausschließen», sondern auch «*inwiefern* das Kreuz den menschlichen Verstand zugleich neu in Anspruch nimmt».[98] Er sieht die jenseits dieser Kluft im Evangelium dargebotene Wahrheit als Bestand des Wissens und als Teil der Gewissheit an.

Vor allem Wilhelm Mundle versuchte deutlich zu machen, dass der Glaube für Paulus nicht nur «ein Überzeugtsein von Tatsachen», ein «Für-

91 Vgl. *Philipp Vielhauer*, Geschichte der urchristlichen Literatur, S. 14. Die «Pistisformel» ist in drei Ausprägungen zu finden: «a) eine, die nur die Auferweckung Jesu, b) eine, die nur seinen Tod und c) eine, die Tod und Auferweckung (Auferstehung) nennt.»

92 *Hans-Christian Kammler*, Kreuz und Weisheit, S. 246f.

93 *Jörg Frey*, Paulinische Perspektiven zur Kreuzestheologie, S. 73.

94 *Karl Barth*, Der Römerbrief, S. 79, 81.

95 *Adolf Schlatter*, Karl Barths «Römerbrief», S. 146.

96 *Adolf Schlatter*, Der Glaube im Neuen Testament, S. 391.

97 *Adolf Schlatter*, Der Glaube im Neuen Testament, S. 391f.

98 *Florian Voss*, Das Wort vom Kreuz und die menschliche Vernunft, S. 14.

wahrhalten» sei, sondern dass Paulus zwischen «Glaube und Wissen [...] keinen wesentlichen Unterschied» mache. «Alle moderne Scheidung von ‹Glauben› und ‹Wissen› ist ihm fremd und auch die Reflexion auf die verschiedenen Quellen, aus denen nach moderner Anschauung beides erwächst, lässt sich bei ihm nirgends beobachten.»[99] Dem Wissen geht nach Mundle die Erkenntnis voraus, die ebenfalls mit dem Glauben wesentlich zusammenfalle. Sie seien nur dahingehend voneinander zu unterscheiden, dass nicht alle Glaubenden das Evangelium und die in ihm enthaltenen Geheimnisse in gleichem Maße und in derselben Weise begreifen. Ein tieferes Erfassen der Wahrheit sei jedoch «ein Ideal, das Paulus bei allen, jedenfalls bei möglichst vielen Christen verwirklicht sehen möchte».[100]

In einem bedeutsamen Abschnitt seiner «Theologie des Neuen Testaments» hat sich auch Bultmann über die «Systematik» des Paulus und über dessen Bestimmung des Verhältnisses von Glauben und Wissen geäußert. «Die Tatsache, dass Paulus nicht, wie etwa griechische Philosophen oder moderne Theologen, seine Gedanken über Gott und Christus, über Welt und Mensch theoretisch zusammenhängend in einer selbständigen wissenschaftlichen Schrift entwickelt hat [...] darf nicht zu dem Urteil verführen, dass Paulus kein eigentlicher Theologe gewesen sei, und dass man, um seine Eigenart zu erfassen, ihn vielmehr als einen Heros der Frömmigkeit verstehen müsse [...] Vielmehr erhebt das theologische Denken des Paulus nur die im Glauben als solchem enthaltene Erkenntnis zur Klarheit bewussten Wissens. Ein Gottesverhältnis, das nur Gefühl, nur ‹Frömmigkeit› und nicht zugleich ein Wissen um Gott und Mensch in Einem wäre, ist für Paulus nicht denkbar. Der Akt des Glaubens ist zugleich ein Akt des Erkennens, und entsprechend kann sich das theologische Erkennen nicht vom Glauben lösen.»[101] Diese von Bultmann u. a. postulierte Korrespondenz zwischen Glauben und Wissen in der paulinischen Theologie bildet nun den Fragehorizont für die folgende exegetische Erörterung.

Exegese

Der Kreuzestod ist das historisch am besten gesicherte Faktum des Lebens Jesu. Die zu erwartende und auch tatsächlich eingetretene Reaktion auf diesen schändlichen Tod waren Schock und Schrecken, Furcht und Flucht (Mk 14,50). Wurde der Tod Jesu sodann im «Wort vom Kreuz» Gegenstand der Verkündigung, traf er auf verständnislose und aggressive Ablehnung. «Der Ge-

---

99 *Wilhelm Mundle*, Der Glaubensbegriff des Paulus, S. 17.
100 *Wilhelm Mundle*, Der Glaubensbegriff des Paulus, S. 25.
101 *Rudolf Bultmann*, Theologie des Neuen Testaments, S. 191f.

kreuzigte ist eine Torheit, die sich in kein rationales, die ganze Wirklichkeit erklärendes System integrieren lässt, und er ist ein Skandal, der alle traditionellen Gottesvorstellungen des Frommen *ad absurdum* führt. Das Kreuz ist die Klippe, an der die Weisheit der Griechen und die Frömmigkeit der Juden zerschellen.»[102] Der programmatische Charakter der Areopagrede, wie sie von Lukas überliefert ist, erinnert zudem an die Ablehnung der Auferstehungsbotschaft durch die Philosophenschulen. Aus dem wohlwollenden Interesse an Paulus' «Lehre» (Apg 17,19) wird Spott und Hohn. «Als sie das von der Auferstehung der Toten hörten, begannen die einen zu spotten, die anderen aber sagten: Darüber wollen wir ein andermal mehr von dir hören» (Apg 17,32). Die große Mehrheit der Zuhörer sieht sich außerstande, dieses scheinbare *sacrificium intellectus* zu vollziehen und dem Widersinnigen Glauben zu schenken. Einige wenige nur «schlossen sich ihm an und kamen zum Glauben» (Apg 17,34).

Die Weisheit der Welt scheitert angesichts der Botschaft von Kreuz und Auferstehung; sie verkennt die dem Evangelium innewohnende Kraft Gottes: «Denn das Wort vom Kreuz ist Torheit für die, die verloren gehen, für die aber, die gerettet werden, für uns, ist es Gottes Kraft» (1Kor 1,18). Die Weisheit der Welt ist für Paulus keine wahre Weisheit, denn sie wird von Gott zuschanden gemacht (1Kor 1,19.21.27; 3,19–20). «Wo bleibt da ein Weiser? Wo ein Schriftgelehrter? Wo ein Wortführer dieser Weltzeit? Hat Gott nicht die Weisheit der Welt zur Torheit gemacht? Denn da die Welt, umgeben von Gottes Weisheit, auf dem Weg der Weisheit Gott nicht erkannte, gefiel es Gott, durch die Torheit der Verkündigung jene zu retten, die glauben» (1Kor 1,20–22). Die Kreuzesrede, die als solche Weisheitsrede ist, stellt nach Paulus «den *absoluten* Gegensatz zwischen Geretteten und Verlorenen, Glaubenden und Nichtglaubenden, geistlichen Menschen und natürlichen Menschen» heraus.[103] Der Glaube allerdings – und nur der Glaube – «lässt sich eine tiefere Einsicht in dieses äußerlich gesehen so geheimnisvolle Geschehen, dass hier nämlich, wie die Jünger und die Urgemeinde selbst bekennen, Gott auf *analogielose* – nennen wir es ruhig: *wunderbare* – Weise an dem gekreuzigten Jesus gehandelt habe, nicht verwehren».[104]

Der Fortgang der paulinischen Argumentation zeigt, dass «aus der Preisgabe der Weisheit ihr Besitz» entsteht (vgl. 1Kor 3,18).[105] Der Inhalt der Evangeliumsverkündigung geht in «Glaubensweisheit», «Glaubenswissen»

---

102 *Jean Zumstein*, Das Wort vom Kreuz als Mitte der paulinischen Theologie, S. 36.

103 *Hans-Christian Kammler*, Kreuz und Weisheit, S. 245.

104 *Martin Hengel*, Das Begräbnis Jesu bei Paulus, S. 449.

105 *Adolf Schlatter*, Der Glaube im Neuen Testament, S. 393.

und «Glaubensgewissheit» über. Aufschlussreich ist in diesem Zusammenhang v. a. das «Auferstehungskapitel» des Ersten Korintherbriefes (1Kor 15). Zunächst fällt auf, dass Paulus den Inhalt des Glaubens, die *fides quae creditur*, mit dem Inhalt des gepredigten Evangeliums identifiziert: «So verkündigen wir, und so seid ihr zum Glauben gekommen» (1Kor 15,11b). Das Adverb «so» verweist auf den Inhalt des ältesten überlieferten Ostertextes, 1Kor 15,3b–5, mit dem ein kunstvolles «Summarium urchristlicher Passions- und Auferweckungskatechese»[106] und eine schon vor Paulus im Bekenntnisstil formulierte Inhaltsbestimmung des Glaubens vorliegt.

Dieses alte Credo ist strukturiert durch vier dass-Sätze, die besagen, (1) «dass Christus gestorben ist für unsere Sünden gemäß den Schriften», (2) «dass er begraben wurde», (3) «dass er am dritten Tage auferweckt worden ist gemäß den Schriften» und (4) «dass er Kefas erschien und dann den Zwölfen».

Mit guten Gründen kann man annehmen, dass diese «Pistisformel» auf die Jerusalemer Urgemeinde zurückgeht und Paulus seine Verkündigung auf eine breite ökumenische Basis stellt, die die Glaubensaussagen verschiedener christlicher Gruppen verbindet (vgl. 1Kor 15,11a: «Ob nun ich oder jene [...]»).[107] Neben das Bewusstsein der ökumenischen Einheit tritt bei Paulus ein ausdrückliches Interesse «an der Geschichtlichkeit von Jesu Sühnetod, Grablegung und Erscheinung»[108] und eine theologische Absicht: die von ihm aufgezählten Ereignisse dienen nicht bloß der Erinnerung, sondern sind in der Schrift begründet. Christi Sterben ist verstanden als stellvertretender Sühnetod «für unsere Sünden» und seine Auferweckung als Manifestation seines Herr-Seins, zu dem sich der Glaube bekennt. Letzteres bringt Paulus in einer weiteren Glaubensformel zum Ausdruck (in der Glaubensakt und Bekenntnisakt parallel stehen): «Denn wenn du mit deinem Mund bekennst, dass Jesus der Herr ist, und in deinem Herzen glaubst, dass Gott ihn von den Toten auferweckt hat, wirst du gerettet werden (Röm 10,9).» Die Auferweckung erweist Jesus als *kyrios* und gibt damit Grund und Inhalt des christlichen Bekennens und Glaubens vor. Auf die kürzeste Form gebracht: Christen glauben, «dass Jesus gestorben und auferstanden ist» (1Thess 4,14).[109]

---

106 *Peter Stuhlmacher*, Biblische Theologie des Neuen Testaments 1, S. 168.

107 Vgl. dazu *Leonhard Goppelt*, Theologie des Neuen Testaments, S. 281.

108 *Peter Stuhlmacher*, Biblische Theologie des Neuen Testaments 1, S. 170. Vgl. *Martin Hengel*, Das Begräbnis Jesu bei Paulus.

109 Vgl. Röm 4,24: Sie glauben an den Gott, «der Jesus, unseren Herrn, von den Toten auferweckt hat.» Aus diesen Glaubensaussagen entwickelten sich schon früh christliche Gottesprädikationen: Gott, «der Christus (von den Toten) auferweckt hat» (Röm 8,11; 2Kor 4,14; Gal 1,1; vgl. in Verbindung mit dem «Glauben» neben Röm 4,24 auch 1Petr 1,21; Kol 2,12).

Paulus nimmt also geprägte Glaubensaussagen auf, um das fundamentale Heilsgeschehen in Christus als Grund und Inhalt des Glaubens zu definieren. Unabhängig davon, ob die Grunddaten dieses Heilsgeschehens – Tod und Auferweckung – in ihrer sprachlichen Ausgestaltung variieren oder ob sie einzeln oder in Kombination erwähnt werden: «immer ist das Ganze gemeint».[110] Dies steht in genauer sachlicher Entsprechung zur apostolischen Verkündigung: Paulus verkündigt allein «Christus, den Gekreuzigten» (1Kor 1,23; 2,2), «der sich hingegeben hat um unserer Sünden willen» (Gal 1,4), und er predigt, «dass Christus von den Toten auferweckt worden ist» (1Kor 15,12; vgl. 15,15). In Übereinstimmung mit dem Urbekenntnis, «dass Jesus der Herr ist» (Röm 10,9), steht die Verkündigung von «Jesus Christus als dem Herrn» (2Kor 4,5). Auf die knappste Formel bringt Paulus all dies durch die Wendung «Christusevangelium»[111], die die inhaltliche Übereinstimmung des Evangeliums mit dem Christusereignis und die Korrespondenz des Christusereignisses mit dem Glauben zum Ausdruck bringt. «Das durchaus noch als titular empfundene *Christos* steht dabei als Abbreviatur für die Person und das Werk Jesu Christi; es verweist auf ihn als den gekreuzigten und auferweckten Gottessohn, in dessen Tod und Auferstehung allein das Heil des Menschen beschlossen liegt.»[112] Ist die Verkündigung ohne (diesen) Inhalt, so ist zugleich der Glaube inhaltslos: «Ist aber Christus nicht auferweckt worden, so ist unsere Verkündigung leer, leer auch euer Glaube» (1Kor 15,14).

Das ganze Neue Testament bezeugt den charakteristischen Zusammenhang des Glaubens mit der Person Jesu Christi und dem mit ihr verbundenen Geschehen. Gerade Paulus verknüpft den Glauben explizit und exklusiv mit Christus und sieht nirgendwo von der christologischen Füllung des Glaubens ab – ganz gleich, ob er nun den Inhalt des Glaubens mit einem dass-Satz angibt oder die Wendung «an Christus glauben» gebraucht[113] oder ob er gar absolut, also ohne eine Näherbestimmung, vom Glauben spricht[114]. Die häufig vertretene Ansicht, dass die Genitivverbindung «Christusglaube» (*pistis Christou*) eine Kurzformel für das in diese Heilsaussagen und Heilszusagen gegossene

110 *Rudolf Bultmann*, πιστεύω κτλ., S. 210.
111 Röm 15,19; 1Kor 9,12; 2Kor 2,12; 9,13; 10,14; Gal 1,7; Phil 1,27; 1Thess 3,2; vgl. Röm 1,9; 1Thess 1,8.
112 *Otfried Hofius*, Wort Gottes und Glaube bei Paulus, S. 152.
113 Gal 2,16; vgl. Röm 10,14; Phil 1,29. «Glauben an …» ist zunächst als Abkürzung zu verstehen und bedeutet «Glauben in Bezug auf das Christusgeschehen» bzw. «sich zum christlichen Glauben bekehren», schließt aber ein personales, auf Christus gerichtetes Vertrauen mit ein.
114 So z. B. Röm 3,22; 10,4.10; 1Kor 1,21; Gal 3,22. Dieser Sprachgebrauch ist außer in den Paulusbriefen v. a. in den Deuteropaulinen, der Apostelgeschichte und den johanneischen Schriften verbreitet.

christologische Bekenntnisgut sei, greift allerdings zu kurz. Ebenso wenig trifft zu, dass der Bezug des Glaubens auf das Christusereignis das Moment des Vertrauens in die Person Jesu Christi zurücktreten lässt.[115]

Dass für ihn die eben beschriebenen Inhalte des Glaubens nicht vom Wissen zu trennen sind, zeigt Paulus in 2Kor 4,13–14, wo das «wir glauben» durch ein «wir wissen» wieder aufgenommen wird: «Wir haben aber denselben Geist des Glaubens, von dem geschrieben steht: Ich glaube, darum rede ich [Ps 116,10]. So glauben auch wir, und darum reden wir. Denn wir wissen, dass er, der Jesus, den Herrn, auferweckt hat, mit Jesus auch uns auferwecken und mit euch vor sich hinstellen wird.» Auch in Röm 6,8–9 zeigt sich, dass der Wirklichkeitsgehalt der Heilstatsachen, um den Paulus weiß, auf gleicher Stufe mit dem Glaubensinhalt steht: «Sind wir aber mit Christus gestorben, so glauben wir fest, dass wir mit ihm auch leben werden. Denn wir wissen, dass Christus, einmal von den Toten auferweckt, nicht mehr stirbt; der Tod hat keine Macht mehr über ihn.»[116]

Verstehenshorizont

Nachdem die vorstehenden Überlegungen weit über das gestellte Thema «Glaube als Wissen und Bekennen» hinaus führten, gilt es nun wieder nach den Verstehensvoraussetzungen dieses Komplexes zu fragen. Einzelne alttestamentliche Aussagen belegen eine Verschränkung der Gottesbeziehung mit Erkenntnis und Wissen: «Ihr seid meine Zeugen, Spruch des Herrn, und mein Diener, den ich erwählt habe, damit ihr erkennt und mir glaubt und begreift, dass ich es bin! (Jes 43,10)». Israel bezeugt und bekennt Gottes Herrschaft vor den Nationen.

Vor allem im hellenistischen Judentum wird dieses Motiv weiter ausgebildet: «Der Glaube an Gott wird zum monotheistischen Bekenntnis.»[117] Solcher Glaube an den einen Gott steht dem Glauben derjenigen entgegen, die ihre Götter mit ihren eigenen Händen verfertigt und zu ihrem Verderben den wahren Gott verleugnet haben.[118] Philo bezeichnet Abraham als den ersten Glaubenden, weil er eine unerschütterliche und feste Anschauung der Existenz (nicht des Wesens) Gottes erlangte und ihn als Urgrund alles Seins erkannte.[119] Paulus teilt selbstverständlich das Bekenntnis zum einen Gott (vgl. Röm

---

115 Zu diesen Fragen, s. u. S. 97–99, 103–109.

116 Der Aspekt des «Wissens» findet sich bei Paulus im Zusammenhang von Glaubensaussagen an einer Vielzahl von Stellen. Vgl. Röm 5,3; 6,9; 8,28; 13,11; 1Kor 3,16; 6,2–19; 15,58; 2Kor 1,7; 4,4.14; 5,1.6; Gal 2,16; Phil 1,16.19; 1Thess 1,4.

117 *Rudolf Bultmann*, Art. πιστεύω κτλ., S. 200.

118 Vgl. äthiopischer Henoch 43,4.

119 *Philo*, De virtutibus 216.

3,29), interpretiert nun aber die Gottesprädikate christologisch: Der Gott, der das Nichtseiende ins Sein ruft, ist der Gott, der das, was nichts ist, erwählt (1Kor 1,28), der den Gottlosen gerecht macht (Röm 4,5), der Christus von den Toten auferweckt hat (Röm 4,17). In den von Paulus aufgenommenen, das «Glaubenswissen» wiedergebenden «Pistisformeln» werden Elemente frühjüdischer Theologie in eine literarische Form hellenistischer Frömmigkeit gegossen. Die Nähe der Auferstehungsbotschaft zur frühjüdisch-apokalyptischen Hoffnung auf die Auferweckung der Toten ist offensichtlich; das Motiv des stellvertretenden Sühnetods erinnert zudem an die palästinisch-jüdische Tradition des leidenden Gottesknechts aus Jesaja 53 und an hellenistischjüdische Märtyrertheologie.[120]

Den Inhalt der Erkenntnis und des Bekenntnisses mit *pistis* zu bezeichnen, ist ein sprachgeschichtliches Phänomen, das wohl erst «im ersten nachchristlichen Jahrhundert im Hellenismus auftaucht» und sich sowohl in Texten des Neuen Testaments als auch bei Plutarch niederschlägt.[121] Weder die alttestamentlich-jüdische Tradition bietet hier ein entsprechendes Verstehensmuster noch die klassische Gräzität – hält diese doch mit Plato die *pistis* für eine niedrige Stufe der Erkenntnis, ein Fürwahrhalten oder Meinen. Erst Plutarch verwendet *pistis* in einer ähnlichen Weise wie Paulus in Gal 1,23 und meint damit die Gestalt der überlieferten väterlichen «Religion», also den Inhalt des Glaubens. Plutarchs Bestreben ist es, zwischen traditionellem «Glauben» und «Wissenschaft» zu vermitteln, zumal in seiner Person – er lehrte als Philosoph und fungierte als Priester am Apollotempel in Delphi – beide Sphären repräsentiert sind. So entfaltet er den «väterlichen und alten Glauben» bzw. den «frommen und väterlichen Glauben»[122], um anschließend die These aufzustellen, dass dieser Glaube gemeinschaftliche Grundlage der gelebten Frömmigkeit sei, an der zu rütteln das Ganze zum Wanken brächte. Das heißt für ihn umgekehrt, dass der Hinwendung zum väterlichen Glauben eine feste Zuversicht und Gewissheit innewohnt, die stets mit dem Beistand des Göttlichen rechnet.

Die Schärfe, mit der Paulus der menschlichen Vernunft den Einblick in Gottes Handeln versagt, sie aber innerhalb des durch das Kreuz konstituierten Koordinatensystems aufs Neue in Dienst nimmt, setzt nun aber geistesgeschichtlich neue Akzente. So sind und bleiben auch nach Paulus Glaube und Wissen einerseits opake Bereiche des menschlichen Geistes,[123] andererseits

---

120 Vgl. 2Makk 6,18–31; 7,37–38; 4Makk 6,27–29; 17,21–22.
121 *Gerhard Barth*, Pistis in hellenistischer Religiosität, S. 122.
122 *Plutarch*, Amatorius (Moralia 756B); De Pythiae oraculis (Moralia 402E).
123 Vgl. *Jürgen Habermas*, Ein Bewusstsein von dem, was fehlt.

aber wirken beide im Rahmen seiner «Erkenntnistheorie des Glaubens» zusammen, insofern «Gott selbst durch das offenbarende Wirken des Heiligen Geistes das Verstehen eröffnet»[124] und damit den «Riss zwischen Weltwissen und Offenbarungswissen» kittet[125]. So wie Paulus hier – freilich aus der Perspektive des Glaubens – die Bestimmung des Verhältnisses von Glaube und Vernunft profilierte und den Glauben *als* Wissen konzipierte, ging er weit über das vorhandene religionsgeschichtliche Vergleichsmaterial hinaus und legte den Grundstein für bis in die heutige Zeit reichende Auseinandersetzungen um die Beziehung zwischen «griechischer Metaphysik» und «biblischem Glauben». Die paulinische Auffassung widerspricht verbreiteten allgemeinsprachlichen Konventionen und gängigen theologischen und philosophischen Darstellungen des Glaubens, die ihn für einen defizitären Erkenntnismodus halten, der nicht zu den Ideen (so Plato) oder zu allgemeingültiger Objektivität (so Kant) vordringen kann, sondern in der Subjektivität des Einzelnen verhaftet bleibt und die mehr oder minder hohe Wahrscheinlichkeit eines Sachverhaltes angibt. Im Gegensatz zur platonischen Bestimmung des Verhältnisses von Glaube und Wissen ist nach paulinischem (und neutestamentlichem) Verständnis der Glaube vielmehr «dem Wissen, das Stückwerk bleibt, weit überlegen (1Kor 13,12–13), oder er gilt selber als die Quelle heilbringenden Wissens (Joh 6,69; 10,38). Gegenteil des Glaubens ist das Wissen dabei aber nicht, sondern sein Gegenteil findet der Glaube vielmehr in der Untreue gegenüber der Treue Gottes (Röm 3,3).»[126]

---

124 *Hans-Christian Kammler*, Kreuz und Weisheit, S. 247.

125 Formulierung in Anlehnung an *Jürgen Habermas*, der bestreitet, dass dieser Riss jemals «gekittet» werden könne (vgl. *ders.*, Ein Bewusstsein von dem, was fehlt).

126 *Wolfhart Pannenberg*, Wahrheit, Gewissheit und Glaube, S. 237.

5. Glaube und Wille

Wie das vorangegangene Begriffspaar «Glaube und Vernunft» ist auch die Ortsbestimmung des Glaubens im Willen umrankt von theologischen Debatten und kirchlichen Zerwürfnissen. Weitverzweigte und kontrovers diskutierte Fragestellungen sind auch im Umfeld dieser «Glaubensfrage» zu finden, die in ihrem Ursprung an die Wurzeln und das Wesen des christlichen Glaubens rühren. Insbesondere der Streit zwischen Martin Luther und dem Humanisten Erasmus von Rotterdam (ca. 1464–1536) steht symbolisch für die Überlegung, ob und inwieweit der menschliche Wille einen Beitrag zum Ergreifen und Einnehmen einer glaubenden, sich dem Heil öffnenden Haltung leisten kann. Erasmus stellt die These zur Diskussion, «dass der menschliche Wille die Kraft habe, in der er fähig sei, sich dem zuzuwenden, was das ewige Heil betrifft».[1] Luther entgegnet in aller Schärfe: «Du bedenkst nicht, wie viel du mit diesem Reflexivpronomen ‹sich› oder ‹sich selbst› dem freien Willen zuschreibst. Indem du sagst: er kann ‹sich› [dem Guten, dem Heil] zuwenden, schließt du nämlich den Heiligen Geist mit all seiner Kraft aus, als ob er überflüssig und nicht nötig wäre.»[2] Das vermeintliche Zugeständnis des Erasmus, dem Willen einiges, der Gnade aber das meiste zuzuschreiben – und somit zwischen Erstursache und Zweitursache bei der Erlangung des Heils zu unterscheiden –,[3] kann Luther keineswegs überzeugen. Denn es gründet in der skeptischen Haltung des Erasmus, dass die Heilige Schrift in dieser alles entscheidenden Frage keine eindeutige und klare Aussage treffe. «Ich habe so wenig Freude an festen Behauptungen», schreibt Erasmus, «dass ich leicht geneigt bin, mich auf die Seite der Skeptiker zu begeben.»[4] Mit dieser unvorsichtigen Aussage läuft er bei Luther ins offene Messer; dieser entgegnet rhetorisch geschickt: «Spiritus sanctus non est Scepticus – Der Heilige Geist ist kein Skeptiker.»[5] Am Schluss seiner Schrift bekennt Luther, dass er den freien Willen gar nicht haben möchte, selbst wenn dies möglich wäre, denn nur wenn der Glaube ein Geschenk Gottes ist und also in Gott und nicht im Menschen begründet ist, kann er zur Heilsgewissheit führen. Das bedeutet jedoch nicht, dass Luther einen universalen Determinismus vertritt. Schon in

---

1 *Erasmus von Rotterdam*, De libero arbitrio I b 10, S. 36f.
2 *Martin Luther*, De servo arbitrio (1525), WA 18, S. 664f. (vgl. *Oswald Bayer*, Descartes und die Freiheit, S. 204).
3 *Erasmus von Rotterdam*, De libero arbitrio IV 8, S. 172f.
4 *Erasmus von Rotterdam*, De libero arbitrio I a 4, S. 6.
5 *Martin Luther*, De servo arbitrio (1525), WA 18, S. 605.

«De servo arbitrio» spricht er dem glaubenden Menschen zu, dass er als Gerechtfertigter gerecht handeln und als *cooperator Dei* bei der Ausbreitung seines Reiches tätig werden kann. Dass Luther zeit seines Lebens nichts von seinen schroffen Äußerungen zurückgenommen hat, zeigt ein Brief aus dem Jahr 1537, in dem er seine Schrift gegen Erasmus zusammen mit den Katechismen als die Schriften bezeichnet, die er gern vor dem Feuer schützen wolle, möchten auch alle anderen Schriften verbrennen.[6]

Man könnte mühelos auf weitere epochale Kontroversen in der Kirchengeschichte verweisen. Sie alle sind – das sei hier in Erinnerung gerufen – der Reflex einer intensiven Beschäftigung mit den Paulusbriefen, insbesondere dem Römerbrief. Johannes Calvin lässt seiner Rechtfertigungslehre die Prädestinationslehre folgen, um zu zeigen, dass die Erwählung in der Rechtfertigung vergewissert wird. «Unter Vorsehung verstehen wir Gottes ewige Anordnung, vermöge deren er bei sich beschloss, was nach seinem Willen aus jedem einzelnen Menschen werden sollte! Denn die Menschen werden nicht alle mit der gleichen Bestimmung erschaffen, sondern den einen wird das ewige Leben, den anderen die ewige Verdammnis vorher zugeordnet.»[7] Der gegnerischen Kritik, dass diese Lehre die Bereitschaft zum Tun des Guten und Rechten unterwandere, begegnet Calvin mit dem Gedanken der Heiligung, die von Gott zusammen und zugleich mit der Rechtfertigung als «doppelte Gnade» (*duplex gratia*) verliehen wird. Ist die Rechtfertigung die Gewissheit der Erwählung, dann ist die Heiligung das Zeichen der Erwählung. Aufgrund der Sündhaftigkeit des Menschen wäre es zwar «ein teuflisches Hirngespinst», die Herzen mit dem Vertrauen auf Vollkommenheit zu erfüllen, doch soll man nicht «lässig oder kalt» sein, «wenn man sich bemüht, auf Vollkommenheit zu dringen, und noch viel weniger [darf] man davon ablassen».[8]

Calvin verknüpfte seine Rezeption Luthers mit Einsichten aus seiner Augustinlektüre. Zweifellos kommt Augustin das Verdienst zu, der abendländischen Diskussion um die Prädestination die entscheidenden Impulse geliefert zu haben, und in gewisser Weise mag er gar den Willen «entdeckt» haben. In seinen frühen Schriften äußerte er die Überzeugung, dass der Wille frei und lediglich von einer göttlichen Autorität geleitet sei.[9] «In freiem Willen nimmt der Mensch die Gnade an.»[10] Doch durch seine nähere Beschäftigung mit Paulus gelangte er zu der Auffassung, dass schon die Hinwendung zum Glauben eine göttliche Gabe sei und nur durch einen freien Gnadenakt

6   *Martin Luther*, Brief an Wolfgang Capito vom 9. Juli 1537, WA.Br 8, S. 99f.

7   *Johannes Calvin*, Institutio Christianae Religionis 3,21,5.

8   *Johannes Calvin*, Institutio Christianae Religionis 4,1,20.

9   Vgl. *Augustin*, De ordine (386 n. Chr.) 2,5,16.

10 *Augustin*, Expositio quarundam propositionum ex epistola ad Romanos (395) 44,3.

Gottes zustande komme. Denn eine selbst vollzogene Annahme der Gnade widerspreche dem Gnadenbegriff. Im ersten Kapitel seiner berühmten «Bekenntnisse» schreibt er: «Mein Glaube, den du mir gegeben hast, o Herr, ruft dich an, mein Glaube, den du mir einhauchtest durch die Menschwerdung deines Sohnes.» Jahre später, in der Auseinandersetzung mit den Pelagianern, äußerte sich Augustin erneut zur Fähigkeit des Willens, dieses Mal hinsichtlich der Ethik. Pelagius, ein britischer Laientheologe, lehnte die Erbsündenlehre Augustins ab und vertrat die Ansicht, dass der Mensch von Natur aus gut sei und den Geboten Gottes kraft seines Willens gehorchen könne. Augustins Satz «Gib, was Du befiehlst, und befiehl, was du willst»[11] schien ihm jegliche menschliche Verantwortung für das eigene Tun auszuhebeln. Diesem Vorwurf begegnete Augustin, indem er die Schwäche und Kränklichkeit des Willens seit dem Sündenfall unterstrich. Nur durch Gottes Gnade könne der Wille geheilt werden.[12] Der geheilte Wille (und nicht etwa die Vernunft) wird somit zur entscheidenden Instanz im Menschen, mit dem er sich zum guten oder schlechten Tun entscheidet.

Die Kontroverse zwischen Luther und Erasmus und der pelagianische Streit lassen zwei grundsätzliche Problemkreise zutage treten, die zugleich die Themen der beiden folgenden Kapitel vorgeben: Sie betreffen das Vermögen und die Funktion des menschlichen Willens einerseits im Hinblick auf die Annahme der Gnade und andererseits im Hinblick auf das Tun der göttlichen Gebote.

Glaube als Entscheidung und Gehorsam

Forschungsgeschichte

Angesichts der radikalen Ablehnung der Willensfreiheit in Heilsdingen durch Augustin, Luther und Calvin lässt es aufhorchen, dass die beiden tiefgründigsten Darstellungen des paulinischen Glaubensbegriffs. die von Schlatter und von Bultmann, nun dem Willen eine entscheidende Bedeutung bei der Konstitution des Glaubens zuweisen. Schon die charakteristischen Fremdzuschreibungen, die Schlatters und Bultmanns Entwürfe erhalten haben – «Willensmetaphysik» (Schlatter)[13] und «Theologie der Entscheidung» (Bultmann)[14] – lassen fragen, wie die Unfreiheit des Willens als essentieller Teil

11 *Augustin*, Confessiones (400) 10,29,40.
12 Vgl. *Augustin*, De gesti Pelagii (417) 5
13 *Irmgard Kindt*, Der Gedanke der Einheit, S. 127.
14 *Gerhard Marcel Martin*, Vom Unglauben zum Glauben.

protestantischer Identität mit dem von beiden gleichermaßen vertretenen Willens- und Entscheidungscharakter des Glaubens in Einklang zu bringen ist.

Die strukturelle Korrespondenz der Entwürfe Schlatters und Bultmanns ist augenfällig, auch wenn ihre Positionen gelegentlich markante Differenzen aufweisen, die auf ihren unterschiedlichen theologischen und philosophischen Prämissen beruhen. Schlatter kommt zum Schluss, dass Glaube «eine feste Entschließung»[15] und «mit der innersten Bewegung des Willens verknüpft» sei[16] – Glaube ist also «eine kraftvolle Tat»[17]. Ähnlich resümiert Bultmann: «Glaube ist nur Glaube als Entscheidung»[18]; er ist eine «Bewegung des Willens», «Tat im eminentesten Sinn»[19]. «Glaube ist der Verzicht auf Werke; aber er ist Tat der Entscheidung. Er ist die *paradoxe Tat* des Verzichtes auf jedes Werk in der Einsicht, dass Gnade nur in solchem Verzicht empfangen wird.»[20]

Bultmann adaptiert die Sprache des Existentialphilosophen Martin Heidegger und versteht den Begriff der Entscheidung auf dem Hintergrund der «Entschlossenheit» Heideggers.[21] Trotz dieser begrifflichen Übereinstimmung trennen sich die gedanklichen Wege Bultmanns und Heideggers, nämlich genau da, wo der Glaube als Folge, ja als Wesen der Entscheidung ins Spiel kommt: «Auch Heidegger sah, dass zur menschlichen Existenz Glaube gehört. Aber er wehrte sich gegen den christlichen Glauben, weil dieser als ‹Überzeugung› konzipiert wurde, die er selber nicht teile. Für Bultmann dagegen war der christliche Glaube jedenfalls bei Paulus so etwas wie Entscheidung.»[22]

Auch wenn Schlatter immer wieder betont, das Sehen und das genaue Beobachten des Vorhandenen seien die Prinzipien allen wissenschaftlichen Denkens, so liegt ihm dennoch an einer «spekulativen» Durchdringung des Beobachteten.[23] Für sein Wissenschaftsverständnis wie für seine Systematik des Glaubens als «Bewegung des Willens» lässt sich der katholische Philosoph Franz von Baader (1765–1841) als Gewährsmann ausmachen. Beide, Schlatter und von Baader, teilen eine kritische Sicht auf den Deutschen Idealismus und bestimmen den Menschen als «das Zentralobjekt aller Wissenschaft». Diese «hat sich auf den anthropologischen Standpunkt zu stellen,

---

15   *Adolf Schlatter*, Der Glaube im Neuen Testament, S. 336 Anm. 1.
16   *Adolf Schlatter*, Der Glaube im Neuen Testament, S. 346; vgl. S. 379.
17   *Adolf Schlatter*, Der Glaube im Neuen Testament, S. 347.
18   *Rudolf Bultmann*, Gnade und Freiheit, S. 157f.
19   *Rudolf Bultmann*, πιστεύω κτλ., S. 221.
20   *Rudolf Bultmann*, Gnade und Freiheit, S. 156.
21   Vgl. *Fritz Neugebauer*, In Christus, S. 165.
22   *Ernst Fuchs*, Aus der Marburger Zeit, S. 74.
23   *Adolf Schlatter*, Der Glaube im Neuen Testament, S. XVI–XVII.

sowohl in ihrer Richtung nach oben auf Gott als in ihrer Richtung nach unten in die Natur».[24] Und unter anthropologischen Gesichtspunkten ist der Glaube eine willentliche Tat, mit der sich der Glaubende Jesus anschließt.

In dezidierter Abkehr von Schlatter weist Bultmann darauf hin, dass bei Paulus «die in der *pistis* enthaltene Willensbewegung nicht primär die Reue und Buße ist. Wohl sind diese in ihr eingeschlossen; aber sie ist primär der Gehorsam.»[25] Außerdem arbeitet Bultmann verstärkt die Paradoxalität des Glaubens heraus: Bei ihm stellt sich die Bewegung des Willens hin zum Glauben als «die Verneinung des Willens selber» dar,[26] während Schlatter mit der Entscheidungsfähigkeit und «Unterlässlichkeit» des Willens rechnet.[27] Dass einerseits Bultmann den Glauben auch im Horizont der «Umkehr(ung)» und andererseits Schlatter den Glauben als Gehorsam versteht, zeigen folgende Äußerungen: Glaube ist nach Bultmann die «Umkehrung [der] bisherigen Willensrichtung.»[28] Und Schlatter erklärt: «Glaube ist das, was die Botschaft vom Hörer erwartet und was sie in ihm bewirkt, und dieser Glaube ist [...] Hingabe des Willens an ihn [*sc.* Gott], Bereitschaft, sein Gebot zu tun. Die Annahme des Worts und den Entschluss zum Gehorsam hat Paulus nicht voneinander getrennt.»[29] Wie diese Aussage allerdings *auch* erkennen lässt, akzentuiert Schlatter (in Kritik und Ergänzung der lutherischen Rechtfertigungstheologie[30]) die ethische Tragweite des Glaubens, die über den missionarischen Kontext hinausweist und die «Annahme des Worts» mit dem tätigen Gehorsam verknüpft. So muss nicht erst noch das eine zum anderen hinzutreten, etwa dahingehend, dass der Glaube den Gehorsam aus sich hervorbringt oder ihn als Konsequenz fordert – sondern «beides ist eine und dieselbe Bewegung des Willens».[31]

Exegese

Für den Gehorsamsaspekt des Glaubens wird häufig die Genitivverbindung «Glaubensgehorsam» als Kronzeugin angerufen, die sich im Römerbrief an

---

24 *Adolf Schlatter*, Erkenntnislehre (unveröffentlichtes Manuskript; zitiert nach *Jochen Walldorf*, Realistische Philosophie, S. 39 Anm. 70).

25 *Rudolf Bultmann*, Theologie des Neuen Testaments, S. 318.

26 *Rudolf Bultmann*, πιστεύω κτλ., S. 221.

27 *Adolf Schlatter*, Der Glaube im Neuen Testament, S. 346.

28 *Rudolf Bultmann*, Theologie des Neuen Testaments, S. 316

29 *Adolf Schlatter*, Gottes Gerechtigkeit, S. 22.

30 Schlatter nahm bereits bei Luther eine Spannung zwischen dem erfahrenen Gnadenzuspruch und ethischem Handeln wahr. Freilich bleibt auch nach Luther «der Glaube nicht müßig, sondern nimmt Fleisch an und wird Mensch» (*Martin Luther*, Galaterbriefvorlesung [1531/ 1535], WA 40/1, S. 426).

31 *Adolf Schlatter*, Gottes Gerechtigkeit, S. 22.

zwei Stellen findet: in Röm 1,5 und 16,26.[32] Zu Beginn seines Briefes schreibt Paulus, dass er als Knecht Christi Jesu «Gnade und Apostelamt empfangen» habe, «Glaubensgehorsam zu erwirken und seinen Namen zu verbreiten unter allen Völkern». Die meisten Exegeten, darunter auch Schlatter und Bultmann, gehen davon aus, dass Paulus hier die beiden Größen «Glaube» und «Gehorsam» im Sinn einer qualitativen Äquivalenz miteinander verbindet. Die Verkündigung des Evangeliums zielt auf den Glaubensgehorsam, auf den glaubenden Gehorsam. Glaube und Gehorsam entsprechen sich, erläutern sich gegenseitig und sind zwei Dimensionen desselben Geschehens. So formuliert Schlatter: «Glaube, der Gehorsam, und Gehorsam, der Glaube ist».[33] Und Bultmann: «Paulus versteht [...] den Glaubensakt als Gehorsamsakt.»[34]

Doch worin besteht und worauf bezieht sich der Glaubensgehorsam nach Paulus? Beschränkt er sich auf die missionarische Situation der Verkündigung und Annahme des Evangeliums oder beinhaltet er eine ethische Stoßrichtung im Sinn einer *nova oboedientia*, eines «neuen Gehorsams» der Christen, der sich unmittelbar und umfassend auf den christlichen Lebensvollzug auswirkt, oder hat Paulus gar eine eschatologische Dimension im Blick: «Wo die Christusoffenbarung angenommen wird, unterwirft sich rebellische Welt wieder ihrem Herrn»[35]?

In den Kontexten, in denen von seiner Missionstätigkeit bzw. von einer positiven Reaktion auf die Verkündigung des Evangeliums die Rede ist, kann Paulus Glaube und Gehorsam gleichbedeutend verwenden (vgl. Röm 1,8; 1Thess 1,8 mit Röm 15,18; 16,19); ebenso beschreibt er in Röm 10,16 den Glauben als Gehorsam gegenüber dem Evangelium: «Doch nicht alle haben dem Evangelium gehorcht. Jesaja sagt: Herr, wer hat unserer Verkündigung geglaubt? [Jes 53,1].» So verlangt die Konfrontation mit der «Kraft» des Evangeliums, dass sich diejenigen, die es hören, dazu verhalten; und dieses Sich-Verhalten hat Paulus im Blick, wenn er in diesen Kontexten von Gehorchen und Glauben spricht. Es geht ihm hier also nicht zuallererst um ethisches Verhalten oder um die Heiligung im aktiven Gehorsam.[36] Wie problematisch und künstlich jedoch eine Trennung der unmittelbaren Annahme des Evangeliums von der daraus resultierenden Lebensweise ist, wird die im nächsten

---

32 Der zweite Beleg, Röm 16,26, ist allerdings Teil des meist für sekundär erachteten Schlusses des Römerbriefes (Röm 16,25–27).

33 *Adolf Schlatter*, Gottes Gerechtigkeit, S. 23.

34 *Rudolf Bultmann*, Theologie des Neuen Testaments, S. 315.

35 *Ernst Käsemann*, An die Römer, S. 12.

36 Das Motiv des Gehorchens erscheint bei Paulus z. B. noch in Röm 5,19, Phil 2,9 (Gehorsam Jesu); Röm 6,16–18 (Gehorsam gegenüber der Gerechtigkeit); 2Kor 10,5–6 (Gehorsam gegenüber Christus).

Kapitel zu bedenkende Begründung paulinischer Ethik erweisen. Rezeptives und responsives Moment des Glaubens stehen bei Paulus in einem vielschichtigen und dynamischen Verhältnis.[37]

Die Korrespondenz zwischen Glauben und Gehorsam liegt also unabhängig von allen Interpretationsnuancen deutlich auf der Hand. Dennoch sollte man eine weitere Option nicht unterschlagen. Es liegt im Rahmen des paulinischen Sprachgebrauchs, den Glauben als eine «autoritative» Größe aufzufassen, der man sich im Modus des Gehorsams unterwirft. Sollte sich die oben vorgeschlagene Deutung der *pistis* als eschatologische Größe richtig erweisen, bezöge sich der menschliche Gehorsam also auf die von Gott aufgerichtete und unter die Herrschaft Christi gestellte Wirklichkeit des Glaubens. Alle Menschen sind davon betroffen, wenngleich diese «göttliche Geschehenswirklichkeit» als kosmisches Phänomen zunächst der menschlichen Erfahrung nicht zugänglich ist. Erst durch die Kraft des Evangeliums wird diese Realität überhaupt erst erfahrbar und zugänglich; das Evangelium ist es, welches ein «Sich-Schicken» in dieses Geschehen fordert und die Menschen mit ihrer ganzen Existenz zur Teilhabe ruft. Nach dieser Deutung wären in der Wendung «Glaubensgehorsam» in äußerst komprimierter Form die eschatologische, ekklesiologische und ethische Perspektive vereint.

Die Wechselbeziehung zwischen Glaube und dem Hören auf Gottes Wort markiert einen weiteren essentiellen Gesichtspunkt paulinischer Theologie,[38] der dem eben verhandelten theologisch nahesteht. Gehorsam (*hypakoe*) und Hören (*akoe*) gehören – im Griechischen wie im Deutschen – sprachlich und inhaltlich eng zusammen. «Der Gehorsam verdankt sich dem Hören.»[39] Worauf aber ist dieses Hören gerichtet, und was ist die Gestalt und der Inhalt des Gehörten und zu Hörenden? Paulus unterscheidet präzise zwischen dem Evangelium und der apostolischen Verkündigung, sodass die beiden Begriffe nicht – wie häufig behauptet – schlicht und einfach ausgetauscht werden könnten und Evangelium «technische Bezeichnung für die christliche Verkündigung» wäre.[40] Urheber des Evangeliums ist Gott («Evangelium Gottes»[41]) und dessen Inhalt ist Christus («Evangelium Christi»). Wenn Paulus nun formuliert, dass «der Glaube aus der Verkündigung» kommt, die Verkündigung aber «durch das Wort von Christus», also durch das Evangelium geschieht (Röm 10,17), dann ergibt sich daraus, dass die apostolische Predigt, das «Wort des Glaubens» (Röm 10,8), ihren Grund und Inhalt im Evangelium

---

37   Vgl. *James D. G. Dunn*, The Theology of Paul the Apostle, S. 635.

38   Zum Folgenden vgl. *Otfried Hofius*, Wort Gottes und Glaube bei Paulus.

39   *Hans-Joachim Eckstein*, Das Wesen des christlichen Glaubens, S. 12.

40   So allerdings *Rudolf Bultmann*, Theologie des Neuen Testaments, S. 89.

41   Röm 1,17; 15,16; 2Kor 11,7; 1Thess 2,2.8–9. Vgl. 1Kor 14,36; 2Kor 2,17; 4,2; 1Thess 2,13.

hat und zugleich an dessen Wesen und Wirkmacht partizipiert. Durch die Kraft des Evangeliums erreicht die Glaubensverkündigung «Herz» und «Mund» der Hörenden und bewirkt «Glauben» und «Bekennen» (Röm 10,8–10). Daraus erschließt sich auch die Bedeutung der Wendung «Glaubensverkündigung» (Gal 3,2.5), die eben gerade nicht primär die Predigt meint, «die Glauben fordert» oder «die Möglichkeit des Glaubens eröffnet»[42], sondern vielmehr die «Glauben wirkende[ ] Predigt»[43]; denn Paulus versteht das Wort des Glaubens im Sinne «einer die Wirklichkeit des Glaubens setzenden Macht».[44]

Was bedeuten diese Ausführungen für die Frage nach dem Willen und der Entscheidungsmöglichkeit des Menschen? Aus dem Standpunkt des Glaubens erscheint Glaube als daseinsbestimmende machtvolle Realität und das Wort des Glaubens als wirkmächtiges Geschehen. Letztlich vertraute Paulus nicht auf seine Überredungskunst und Überzeugungsarbeit, sondern auf den «Erweis des Geistes und der Kraft, damit euer Glaube nicht in der Weisheit der Menschen, sondern in der Kraft Gottes gründe» (1Kor 2,4–5). Im Unterschied zu mancher individualistischen Sicht des Menschen ist Paulus der Überzeugung, dass der Mensch fundamental bestimmt ist durch äußere, «kosmische» Mächte und Kräfte, welche ihn in einen Existenzzusammenhang stellen, den er nicht willentlich herbeiführen oder abweisen kann. Die Argumentation des Römer- und Galaterbriefes macht deutlich, dass der Mensch nach Paulus «unter dem Gesetz»[45] und «unter der Sünde»[46] verhaftet ist. Aus dieser Zwangslage kann nur ein Herrschaftswechsel herausführen, und der wiederum kann nur auf Gottes Initiative und Handeln hin erfolgen. In der Sendung Christi erfolgte dieser Herrschaftswechsel, der kosmische Dimensionen annimmt und die Wirklichkeit «objektiv, real und ontologisch»[47] umgestaltet. Durch Christi «Erfüllung der Rechtsordnung» kommt es «für alle Menschen zum Freispruch, der ins Leben führt» (Röm 5,18). Jegliche Entscheidungsmöglichkeit durch den menschlichen Willen scheint obsolet. Er steht nicht wie Herkules am Scheideweg. Es stellt sich für ihn nicht die Alternative «à prendre ou à laisser»[48]. «Glaube ist das Wunderbarste und das Einfachste zugleich: es geschieht in ihm, dass der Mensch die Augen aufschlägt, *sieht*, wie Alles – objektiv, real, ontologisch – ist, und nun eben Alles *nimmt*, wie es ist. Glaube ist die simple Entdeckung des Kindes, dass es sich im Hause

---

42   *Rudolf Bultmann*, πιστεύω κτλ., S. 214.
43   Vgl. *Otfried Hofius*, Wort Gottes und Glaube bei Paulus, S. 160.
44   *Hans-Joachim Eckstein*, Das Wesen des christlichen Glaubens, S. 12 Anm. 32.
45   Vgl. Röm 6,14–15; Gal 3,23; 4,5.21; 5,18.
46   Vgl. Röm 7,14; Gal 3,22.
47   *Karl Barth*, KD 4/1, S. 835.
48   *Karl Barth*, KD 4/1, S. 835.

seines Vaters oder auf dem Schoß seiner Mutter befindet.»[49] «Glaube ist dasjenige *Ja* des ganzen Menschen, mit dem der aus dem Schlaf Erweckte bejaht, dass er *aufgeweckt worden* ist und sich nun also als einen wachen Menschen, als einen Menschen des Lichtes und des Tages und nicht der Nacht und der Finsternis (1Thess 5,5) entdecken darf und entdecken soll» (vgl. 2Kor 4,3–6).[50] Auf der anderen Seite – aus der Perspektive des Menschen – ist und bleibt der Glaube «ein von mir selbst zu vollziehender Lebensakt»[51]. Der Glaube löscht die Subjektivität nicht aus, sondern: «Der Glaube macht die Person» («fides facit personam»), weil er Gottes Wirken im Menschen zur Geltung kommen lässt.[52] Das Evangelium begegnet in seiner Dynamik als Herausforderung; und «[e]s gibt dem Evangelium gegenüber keine Neutralität»[53], sondern nur die «schroffe Alternative: entweder das eine oder das andere. Es gibt kein Drittes, kein Mittleres, kein Sowohl – als auch, kein Weder – noch.»[54] Die Konfrontation mit einer solchen Alternative fordert ein willentliches Sich-Verhalten: Zustimmung oder Ablehnung, Gehorsam oder Ungehorsam, Glaube oder Unglaube.

Paulus selbst hält diese beiden Perspektiven, die theologische und die anthropologische, in der Schwebe. Mit Bezug auf den Glauben Abrahams fasst Peter Stuhlmacher diese paradoxe Ambivalenz zusammen: «Glaube ist für Paulus der *Inbegriff des Vertrauens auf Gott; zugleich ist er ein Willensakt.* Dieses willentliche Gottvertrauen können Menschen nicht aus eigener Kraft erschwingen. Sie verdanken es dem Hören auf das Evangelium und erfahren es als *Geschenk des Heiligen Geistes* (vgl. Gal 3,2; Röm 10,17).»[55] In den Worten des Paulus: «Ihr habt die Gnade empfangen [...] an ihn [*sc.* Christus] zu glauben.» (Phil 1,29; vgl. Röm 3,24)

Verstehenshorizont

Einige alttestamentliche Belegstellen zum «Glauben» geben durch danebengestellte Äquivalenzbegriffe zu erkennen, dass der «Gehorsam» mitunter den Hauptton des Glaubensverständnisses trägt. Mose äußert Gott gegenüber seine Bedenken, dass sie ihm nicht glauben und auf seine Stimme nicht hören

49 *Karl Barth*, KD 4/1, S. 836.
50 *Eberhard Jüngel*, Das Evangelium von der Rechtfertigung des Gottlosen, S. 205.
51 *Eberhard Jüngel*, Das Evangelium von der Rechtfertigung des Gottlosen, S. 206.
52 *Martin Luther*, Zirkulardisputation de veste nuptiali (1537), WA 39/1, S. 283. Vgl. *Eberhard Jüngel*, Das Evangelium von der Rechtfertigung des Gottlosen, S. 210.
53 *Wilhelm Mundle*, Der Glaubensbegriff des Paulus, S. 43.
54 *Gerhard Ebeling*, Glaube und Unglaube im Streit um die Wirklichkeit, S. 394.
55 *Peter Stuhlmacher*, Zum Thema Rechtfertigung, S. 60.

(Ex 4,1; vgl. 4,8); und Israel wird vorgeworfen, dass es dem Herrn nicht glaubte und nicht auf seine Stimme hörte (Dtn 9,23; vgl. 2Kön 17,14). Ein Grundmotiv jüdischer Frömmigkeit in all ihren Strömungen ist die Forderung nach Treue und Gehorsam gegenüber dem göttlichen Wort und Gebot. Der Akzent liegt hier freilich nicht wie in den besprochenen Paulustexten auf dem im Modus des Gehorsams zu vollziehenden Eintritt in die Heilsgemeinschaft oder auf der gehorsamen Annahme des Kerygmas, sondern auf dem der Erwählung entsprechenden Gehorsam des Gottesvolks. Davon wird im folgenden Kapitel zu sprechen sein.

Auch im griechisch-hellenistischen Sprachraum nimmt *pisteuein* gelegentlich das Bedeutungsmoment des Gehorchens auf. Unter den pagan-griechischen Autoren ist beispielsweise Sophokles zu nennen, der den Aspekt des Gehorsams mit dem der Vertrauenswürdigkeit verknüpft: Im Streit um die Macht über die Stadt Theben wird Ödipus von seinem Schwager und Onkel Kreon gefragt: «Sagst du also, dass du dich nicht zurückziehst und dass du nicht gehorchst (*pisteuein*)?» – und Ödipus bestätigt diesen seinen Entschluss mit der Begründung, dass Kreon nicht vertrauenswürdig sei.[56]

Insgesamt ist aber die Bedeutungsnuance «gehorchen» in dem bei Paulus begegnenden Sinne spärlich belegt, nicht zuletzt, weil dieser Verwendungstyp in den paulinischen Zusammenhängen den Kontext der Mission voraussetzt. Der initiale Gehorsamsakt angesichts der Begegnung mit dem Evangelium ist zu unterscheiden (aber keineswegs zu trennen) vom nun zu besprechenden «neuen Gehorsam», der nach reformatorischer Auffassung im kausalen Zusammenhang mit dem Rechtfertigungsglauben steht: «Auch wird gelehrt, dass solcher Glaube gute Frucht und gute Werke bringen soll.»[57]

Glaube als «neuer Gehorsam» und Liebe

Forschungsgeschichte

Im Gegensatz zur Einsicht der Reformatoren in die Zusammengehörigkeit von Rechtfertigung, Erlösung und Ethik postulierte Albert Schweitzer eine Unvereinbarkeit zwischen den soteriologischen und ethischen Aussagen des Paulus. Für das Auseinanderfallen von Erlösung und Ethik fand er folgendes Bild: Die beiden «verhalten sich zueinander wie zwei Strassen, von denen die eine bis zu einer Schlucht und die andere von dieser Schlucht an weiter führt. Es fehlt aber die Brücke, um von der einen auf die andere Seite zu

---

56 *Sophokles*, Ödipus Tyrannus 625.
57 Confessio Augustana Art. 6 (Vom neuen Gehorsam).

gelangen.»[58] In einem epochemachenden Aufsatz über «das Problem der Ethik bei Paulus» führte Bultmann das Begriffspaar Indikativ und Imperativ für diese beiden Gedankenkreise ein und versuchte zu begründen, dass beide Größen aufeinander bezogen seien: Paulus leite den Imperativ aus dem Indikativ ab. Das Heilshandeln Gottes bestimme das Handeln des Menschen, und zwar in demselben (existenz-)dialektischen Verhältnis, das auch aus dem bekannten Pindarwort spreche: «Werde, der du bist». Zur Begründung des Zusammenhangs kehrt der schon mehrfach beobachtete Hinweis auf die «Perspektive des Glaubens» wieder: «Die Gerechtigkeit und Sündlosigkeit ist also – höchst paradox – keine Veränderung der sittlichen Qualität des Menschen, sie ist weder etwas am Menschen Wahrnehmbares noch etwas von ihm Erlebbares im Sinne der Mystik; sie kann eben nur geglaubt werden.»[59] Diese Paradoxie ist nur «für den Glauben voll verständlich.»[60]

Noch bis in die Gegenwart ist Bultmanns Begründungsstruktur der paulinischen Ethik in Darstellungen der neutestamentlichen Ethik und Theologie, aber auch in der protestantischen Predigtpraxis zu finden. Neuere exegetische Ansätze kritisieren dagegen mitunter, dass die Unterscheidung zwischen «Gabe» und «Aufgabe» künstlich sei und dass das Indikativ-Imperativ-Schema die Begründungsstrukturen der paulinischen Ethik nicht sachgemäß und vollständig erfasse. Es suggeriere eine zeitliche oder logische Abfolge und reduziere die Vielschichtigkeit und Dynamik der (impliziten) ethischen Aussagen des Paulus.[61]

Exegese

Mit der Kritik an Bultmann darf man freilich «das Kind nicht mit dem Bade ausschütten»,[62] denn seine Verwendung des Begriffspaars Indikativ/Imperativ dient dazu, einen literarischen Zusammenhang zu beschreiben, der an einer Reihe von paulinischen Stellen begegnet, darunter Gal 5,25: «Wenn wir im Geist leben, wollen wir uns auch am Geist ausrichten.»[63] Auch auf die Makrostruktur einiger Paulusbriefe ist das Indikativ-Imperativ-Schema offensichtlich anwendbar: Im Römer-, Galater- und dem ersten Thessalonicherbrief ist ein dogmatischer Teil einem ethischen vorangestellt.[64]

---

58 *Albert Schweitzer*, Die Mystik des Apostels Paulus, S. 287.
59 *Rudolf Bultmann*, Das Problem der Ethik bei Paulus, S. 136.
60 *Rudolf Bultmann*, Das Problem der Ethik bei Paulus, S. 140.
61 Vgl. den von *Friedrich Wilhelm Horn* und *Ruben Zimmermann* herausgegebenen Aufsatzband «Jenseits von Indikativ und Imperativ».
62 *Michael Wolter*, Identität und Ethos bei Paulus, S. 122.
63 Vgl. Röm 6,4; 15,2–3.7; 1Kor 5,7; 6,9–11; Phil 2,12–13.
64 Vgl. *Wolfgang Schrage*, Ethik des Neuen Testaments, S. 170f.

Ein differenziertes Bild paulinischer Ethik entsteht nun aber, wenn das Zusammenspiel dreier Begründungsfiguren berücksichtigt wird:[65] der Bezug der Glaubenden zu Jesus Christus, die Vermittlungsfunktion des Heiligen Geistes sowie die eschatologische Perspektive der Glaubenden. Eine Schlüsselstelle für die Ethik des Paulus, die diese drei Aspekte vereint und zugleich einen spezifischen Charakterzug seines Glaubensverständnisses zum Ausdruck bringt, ist Gal 5,5–6: «Denn im Geist und aus Glauben warten wir auf die Erfüllung unserer Hoffnung: die Gerechtigkeit. In Christus Jesus gilt ja weder Beschnittensein noch Unbeschnittensein, sondern allein der Glaube, der sich durch die Liebe als wirksam erweist.» Den ganzen Abschnitt stellt Paulus unter die Überschrift «Zur Freiheit hat uns Christus befreit!» (Gal 5,1).

In der Beziehung der Glaubenden zu Christus («in Christus») eröffnet sich der Raum der Freiheit, in welchem sich ethisches Handeln ereignet. Selbst wenn der konkrete Lebensvollzug der Glaubenden innerhalb menschlicher Bedingungen und Begrenzungen bleibt, liegt ihm dennoch ein Raum- bzw. Subjektswechsel zugrunde: «Nicht mehr ich lebe, sondern Christus lebt in mir; sofern ich jetzt noch im Fleisch lebe, lebe ich im Glauben» (Gal 2,20). Wenn die Glaubenden bleibend «im Fleisch» leben und handeln, so hat sich ihr Selbstverständnis und -verhältnis dennoch fundamental verändert, als sie nun «in Christus», mit ihm gekreuzigt, durch ihn neu geschaffen sind (2Kor 5,17). Die Glaubenden realisieren (im doppelten Wortsinn) diese Veränderung und machen die sie «umgebende» Liebe Christi handgreiflich und fassbar (2Kor 5,14) – «höchst real». Mit der Metapher «Leib Christi» (1Kor 12,12–31) zeichnet Paulus das Bild der Einheit der Glaubensgemeinschaft, das aber zugleich die gaben- und aufgabenspezifische Unterschiedlichkeit der einzelnen Teile einschließt und der Gemeinschaft ein Charakteristikum all ihren Handelns einschreibt: Liebe (1Kor 13).

Der heilige Geist begründet und verbürgt die Einheit des Leibes Christi (1Kor 12) und zugleich bestimmt er das Handeln derer, die Teil dieses Leibes sind. Auch diesen Gedanken drückt Paulus in einem Bild vom Leib aus: «Wisst ihr nicht, dass euer Leib ein Tempel des heiligen Geistes ist, der in euch wirkt und den ihr von Gott habt, und dass ihr nicht euch selbst gehört?» (1Kor 6,19; vgl. 3,16; Röm 8,9–11). Daraus ergibt sich der christliche Lebenswandel, der sich in konkreten ethischen Entscheidungen ausweist (vgl. 1Kor 6,12–18) und dabei durchaus von gängigen ethischen Konventionen abweichen kann. Ethische Imperative sind keine Aufforderungen, die eine Wahl offenlassen, sondern Erinnerungen an den Stand als Christen vor Gott.

---

65 Zum Folgenden vgl. *Christof Landmesser*, Begründungsstrukturen paulinischer Ethik; daneben *Wolfgang Schrage*, Ethik des Neuen Testaments, S. 170–191.

Der Appell: «Führt euer Leben im Geist, und ihr werdet dem Begehren des Fleisches nicht nachgeben!» (Gal 5,16) erklärt dem Glaubenden also «nur die Stellung, die ihm als dem an Christus Glaubenden zukommt und die er im Glauben bereits eingenommen hat. Seine Aufgabe bestimmt sich nun dahin, dass er das, was ihm durch den Glauben gegeben ist, bewahre und das, was er glaubend geworden ist, auch sei.»[66] Konkrete Auswirkungen hat der Wandel im Geist in der «Frucht des Geistes», allen voran in der Liebe (Gal 5,22).

Das Leben im Geist und in Christus charakterisiert schließlich auch die eschatologische Perspektive ethischen Handelns, welches sich im Horizont der Vollendung der Gerechtigkeit und des Heils vollzieht.[67] Der Tag des Herrn kommt wie ein Dieb in der Nacht und wie die Wehen einer Schwangeren (1Thess 5,2–3). Da die Glaubenden aber «‹Söhne und Töchter des Lichts› und ‹Söhne und Töchter des Tages›» sind, sollen sie «nüchtern sein, angetan mit dem Panzer des Glaubens und der Liebe und mit dem Helm der Hoffnung auf Rettung» (1Thess 5,5.8). Eine Tag-Nacht- und Kampfesmetaphorik begegnet auch in Röm 13,11–12; dort hebt Paulus auf die sich verkürzende Zeit zwischen dem Zum-Glauben-Kommen der Christen und dem Tag der Heilsvollendung ab: «Es ist Zeit, aus dem Schlaf aufzuwachen. Denn jetzt ist unsere Rettung näher als zu der Zeit, da wir zum Glauben kamen. Die Nacht ist vorgerückt, bald wird es Tag. Lasst uns also ablegen die Werke der Finsternis und anziehen die Waffen des Lichts!» In dieser Phase der «Morgendämmerung» gilt die Ethik des Liebesgebots: «Du sollst deinen Nächsten lieben wie dich selbst [Lev 19,18] [...] Des Gesetzes Erfüllung also ist die Liebe» (Röm 13,9–10).

Aus diesen Überlegungen ergibt sich, dass Paulus die Liebe «zur höchsten Norm seiner gesamten ‹Ethik›»[68] erhebt und sie aufs Engste mit dem Glauben verknüpft: In der Liebe wird der Glaube wirksam (Gal 5,6), ohne die Liebe ist der Glaubende nichts (1Kor 13,2).[69] Eine Nachordnung der Ethik hinter die Rechtfertigung aus Glauben sucht man bei Paulus vergebens; vielmehr umfasst die Glaubensbeziehung zu Christus als dem Herrn den

---

66 *Adolf Schlatter*, Der Glaube im Neuen Testament, S. 378.

67 Christen werden – so *Ernst Käsemann* – in die endzeitliche Aufrichtung der universalen Gerechtigkeit Gottes durch Christus hineingenommen. Die Dialektik von Indikativ und Imperativ sei daher am besten nicht durch die (idealistische) Maxime «Werde, der du bist» zu beschreiben, sondern durch die christologische Formel: «Bleibe bei dem dir gegebenen Herrn und in seiner Herrschaft» (*ders.*, Gottesgerechtigkeit, S. 188).

68 *Siegfried Schulz*, Neutestamentliche Ethik, S. 397.

69 Vgl. darüber hinaus das Ineinander von Glaube und Liebe in 1Thess 1,3; 3,6; Phlm 5–6.

gesamten Lebensvollzug, «beschenkt und beschlagnahmt [...] zugleich»[70] und schafft so ein dynamisches Entsprechungsverhältnis zwischen «Sein und Sollen».[71] «Denn die Glaubenden wissen: weil Gott für unser *Heil* genug getan hat, können wir für das *Wohl* der Welt nicht genug tun. Und so wird denn der Mensch allein durch den Glauben gerecht, der selber niemals allein bleibt, sondern in der Liebe werktätig werden will, ja muss: ‹sola fide nunquam sola.› Es gibt keine befreiendere Grundlegung der Ethik als die Lehre von der Rechtfertigung des Sünders allein durch Glauben.»[72]

Aus der Gewissheit, dass «Gott für unser Heil genug getan hat», folgt nach Paulus auch Gewissheit in konkreten ethischen Entscheidungsprozessen und Streitfragen. Auf ein für die frühchristlichen Gemeinden besonders virulentes Problem, die Gültigkeit von Speisetabus, ist hier kurz einzugehen. Mit seiner Versicherung, dass Abraham im Glauben nicht schwach wurde, sondern erstarkte (Röm 4,19–20), deutet er schon früh an, auf welche Seite er sich in dieser Auseinandersetzung schlagen würde, die die römische Gemeinde in «Starke» und «Schwache» spaltete (Röm 14,1–15,14). Zwar ermahnt er die Starken, die « im Glauben Schwachen » anzunehmen (Röm 14,1), stellt sich selbst aber ausdrücklich auf die Seite der Starken (Röm 15,1), die von der Reinheit *aller* Speisen überzeugt sind. Diejenigen, die nicht ihren Glauben zum alleinigen Maßstab ihres ethischen Handelns machen, verurteilt er scharf und stellt sie dem Gericht anheim. «Alles, was nicht aus Glauben geschieht, ist Sünde» (Röm 14,23). Trotz der offensichtlichen Nähe zum zeitgenössischen moralphilosophischen Diskurs[73] gerät die Rechtfertigungsthematik nicht in den Hintergrund, was durch die Anspielung an die Figur und den Glauben Abrahams und die sensible Frage nach der Gültigkeit der alttestamentlichen Speise- und Reinheitsgebote zum Ausdruck kommt. Auch der römische Konfliktfall ist «eine praktische Konkretion für die paulinische These von Christus als dem *telos nomou*», als dem Ende des Gesetzes (Röm 10,4).[74] Glaube hat in diesem Zusammenhang (Röm 14,2.22) «die Bedeutung von ‹die Gewissheit haben, nach ethischer Überprüfung des Willens Gottes› ‹alles essen› zu können, weil es dem entspricht, was gemäß dem Urteil Gottes ‹gut, wohlgefällig und vollkommen› ist (vgl. Röm 12,2).[75]

---

70 *Wolfgang Schrage*, Ethik des Neuen Testaments, S. 174.

71 *Adolf Schlatter*, Der Glaube im Neuen Testament, S. 380.

72 *Eberhard Jüngel*, Das Evangelium von der Rechtfertigung des Gottlosen, S. 220. Die Formulierung «sola fide nunquam sola» («das ‹allein aus Glauben› bleibt niemals allein») stammt von *Paul Althaus*.

73 Vgl. *Klaus Haacker*, Der Brief des Paulus an die Römer, S. 280, 291.

74 *Volker Gäckle*, Die Starken und die Schwachen, S. 400 Anm. 487.

75 *Volker Gäckle*, Die Starken und die Schwachen, S. 399.

Die Formulierung «der im Glauben Schwache» (Röm 14,1; vgl. 4,19) fügt allerdings eine weitere Nuance hinzu: es geht Paulus *auch* um das Sein in der «Sphäre des Glaubens»[76] und um das Sich-bestimmen-lassen von seiner Realität und Dynamik. Paulus spricht gerade nicht vom «schwachen Glauben» der Römer, sondern von dem, der «schwach wurde *im* Glauben» (Röm 14,1), nicht vom «starken Glauben» Abrahams, sondern von seinem «Erstarken *im* Glauben» (Röm 4,20). Entscheidend ist und bleibt das Im-Glauben-Sein, das sich in der Anerkennung der Herrschaft Christi äußert (Röm 14,8–9); unabhängig von seinem Maß, unabhängig davon, ob der Modus der Teilhabe durch Schwachheit oder Stärke qualifiziert ist, gilt, dass die Glaubenden von Gott angenommen sind – gerade auch die Schwachen (Röm 14,3). «Im Glauben», so prägt Paulus ein, werden wir gerecht gemacht (Röm 3,28), haben wir «Zutritt erhalten zu der Gnade, in der wir jetzt stehen» (Röm 5,2), «im Glauben» sind wir (2Kor 13,5), leben wir (Gal 2,20) und stehen wir (Röm 11,20; 1Kor 16,13; 2Kor 1,24).

Ausgehend von dieser «räumlich-dynamischen» Anschauung des Glaubens kann der schwer zu verstehende Ausdruck «Maß des Glaubens» (Röm 12,3) bestimmt werden als das von Gott anvertraute Maß in Bezug auf die Weise der Partizipation «im Glauben», sei es nun geprägt von Stärke oder von Schwäche. Der (vermeintlich) Starke ist zur Selbstprüfung aufgerufen: «Darum: Wer zu stehen meint, sehe zu, dass er nicht falle!» (1Kor 10,12), der (vermeintlich) Schwache soll sich erinnern: «Er wird aber stehen, denn der Herr vermag, ihm Stand zu geben» (Röm 14,4). Einzelne ethische Entscheidungen werden entsprechend der Maßgabe des Glaubens divergieren, ebenso wie entsprechend der Maßgabe des Glaubens verschiedene Aufgaben in der Gemeinde wahrgenommen und verschiedene Gaben eingebracht werden: gerade die prophetische Rede soll in «Übereinstimmung mit dem (jeweils zugeteilten) Glauben», d. h. in der «Analogie des Glaubens» (Röm 12,6) erfolgen.[77] Paulus leugnet die Unterschiede nicht, lässt aber keinen Zweifel daran, dass Gott einerseits die «Talente» zuteilt, andererseits über den besonnenen Einsatz der «Talente» urteilt.[78]

---

76 *Wilhelm Mundle*, Der Glaubensbegriff des Paulus, S. 17.

77 Die wirkungsgeschichtlich äußerst produktive Genitivverbindung «Analogie des Glaubens» (*analogia fidei*) (Röm 12,6) bezieht sich wohl nicht, wie häufig angenommen, auf die Übereinstimmung mit dem Glaubensinhalt (*fides quae creditur*), sondern meint ebenfalls die Übereinstimmung mit dem von Gott zugeteilten «Glaubensmaß» (vgl. *Otto Michel*, Der Brief an die Römer, S. 377).

78 *Klaus Haacker* weist darauf hin, dass sich für das Verständnis von Röm 12,3 die Metapher der anvertrauten «Talente» anbietet (Matth 25,14–30) (*ders.*, Der Brief des Paulus an die Römer, S. 254).

«Stärke im Glauben» wird nie verfügbarer Besitz der Glaubenden, weil sie auf Gott angewiesen bleibt, der das «Maß des Glaubens» verleiht; ebenso wenig entspringt der von den Glaubenden geleistete Gehorsam ihrem eigenen Vermögen: «Denn Gott ist es, der in euch das Wollen und das Vollbringen bewirkt, zu seinem eigenen Wohlgefallen» (Phil 2,12–13). Und doch solidarisiert sich Paulus unzweideutig mit den «Starken im Glauben» und fordert nachdrücklich den Gehorsam und das Wirken der Glaubenden «mit Furcht und Zittern». An solcher Dialektik «kann man ablesen, in welch erstaunlichem Maße der Glaube nach Paulus die Christen vor Gott in Bewegung hält, bis sie die endzeitliche Rettung erlangt haben».[79]

Verstehenshorizont

Im Abschnitt zur Überindividualität des Glaubens wurde bereits auf die einzigartige und unüberbietbare Bedeutung der Tora für das gesamte jüdische Leben und Denken verwiesen. Der dem Gesetz gegenüber geforderte Gehorsam verbindet sich dabei gelegentlich mit der Glaubensterminologie.

In der «Gemeinderegel» aus Qumran wird die ganze Gemeinschaft bzw. ein elitärer innerer Zirkel angewiesen, makellos im Lichte der Gesetzesoffenbarung zu leben: «Sie müssen den Glauben [d. h. Treue] bewahren [...] und sühnen für die Sünden, indem sie Gerechtigkeit üben und Not erdulden» (1QS 8,3–4). Mit einem weisheitlichen Impetus mahnt Jesus Sirach: «Bei allem Werk, sei deiner Seele treu (*pisteuein*); denn auch das ist das Halten der Gebote. Wer dem Gesetz treu ist (*pisteuein*), hält sich an die Gebote, und wer dem Herrn vertraut, der wird keinen Mangel haben» (Sirach 32,23–24). Im vierten Makkabäerbuch wird in grausigen Details die Geschichte einer Mutter erzählt, die Abraham gleichgesinnt war (4Makk 14,20) und aufgrund ihrer Frömmigkeit (*eusebeia*) ihre sieben Söhne dem Märtyrertod preisgab und alles «ertrug aufgrund ihres Glaubens an Gott» (15,24). Sie ermahnt ihre Söhne, für das väterliche Gesetz zu kämpfen (16,16) und denselben Glauben zu haben wie Abraham, der Isaak bereitwillig geopfert habe, und wie Isaak, der sich vor dem niederfahrenden Schwert in seines Vaters Hand nicht weggeduckt habe (16,20–22). Diese Geschichte kann exemplarisch für die breit belegte Tradition des Frühjudentums stehen, die unter Berufung auf Abraham Treue und Gehorsam einfordern, die sich gerade in der Versuchung und Anfechtung zu bewähren haben.[80] Jene Texte belegen aber zugleich, dass Treue und Vertrauen zwei untrennbare Aspekte des Gottesverhältnisses sind.

---

79 *Peter Stuhlmacher*, Zum Thema Rechtfertigung, S. 60.
80 Im Kontext der paulinischen Auslegung von Gen 15,6 wird über dieses Interpretationsmuster noch zu sprechen sein (s. u. S. 109–112).

Im apokalyptischen Schrifttum rückt die Unterscheidung zwischen den Glaubenden und den Gottlosen im Horizont des letzten Gerichts in den Vordergrund. Am Tag des Gerichts, so das vierte Buch Esra, wird sich der Höchste auf dem Richterthron offenbaren; «das Erbarmen vergeht, die Langmut verschwindet, nur das Gericht bleibt. Die Wahrheit besteht, der Glaube erstarkt» (4Esra 7,33–34). Gott wird das Urteil über die Gottlosen fällen, denn «sie verachteten sein Gesetz, leugneten seinen Bund, seinen Geboten glaubten sie nicht, und seine Werke taten sie nicht» (7,24). Die syrische Baruchapokalypse fasst das Kriterium des Gerichts so zusammen: «Denn wahrlich, wer da glaubt, wird Lohn empfangen» (syrBar 54,16).

Im Kontext des römischen Kaiserreichs wird mit Nachdruck und Stolz die «Treue» (*fides*) als Staatsprinzip hervorgehoben, so z. B. beim Historiographen Livius (ca. 59 v. Chr. – 17 n. Chr.) in seinem umfassenden Geschichtswerk «Ab urbe condita». Der griechische Geschichtsschreiber Polybios (ca. 200–120 v. Chr.) stellt einen aussagekräftigen Vergleich zwischen griechischer und römischer Amtsführung unter dem Aspekt der Treue an: «Bei den Griechen können die Verwalter des Gemeinwesens, wenn ihnen auch nur ein einziges Talent anvertraut wird, obwohl sie zehn Gegenschreiber und ebenso viele Siegel und doppelt so viele Zeugen haben, die *pistis* doch nicht halten. Die Römer aber, die als Beamte und Gesandte große Summen in die Hand bekommen, bleiben redlich infolge der durch Eid gewährleisteten *pistis*» (6,56,13f.).

In den angeführten jüdischen Belegen wie auch in den beiden paganen historiographischen Schriften ist der «Glaube» zu verstehen als Gemeinschaftstreue bzw. Loyalität innerhalb eines sozialreligiösen Systems. Paulus fügt sich darin ein, insofern er die *nova oboedientia*, die von und in der Gemeinschaft der Glaubenden zu leisten ist, in einen Begründungszusammenhang zur Herrschaft Christi stellt. Mit den frühjüdischen Parallelen hat Paulus außerdem gemein, dass Glaube und Gehorsam nie unter Absehung von soteriologischen Fragestellungen in den Blick kommen. Während frühere Vergleiche der paulinischen Soteriologie mit der jüdischen einseitige Beurteilungen des damaligen Judentums hervorbrachten – mit Spitzenaussagen wie der, dass das Judentum eine «Religion völligster Selbsterlösung»[81] sei –, heben neuere Untersuchungen hervor, dass die in den jüdischen Texten geforderte Toraobservanz nicht von Gottes erwählendem Handeln abzulösen sei und «dass der bessere Gehorsam nicht durch die Aussicht auf Lohn motiviert ist, sondern um Gottes willen oder um der Gebote selbst willen

81 *Paul Billerbeck*, Kommentar zum Neuen Testament aus Talmud und Midrasch 4/1, S. 6.

geschieht».[82] In der Sprache der neutestamentlichen Forschung könnte man sagen, dass das Indikativ-Imperativ-Schema auch auf die Struktur der jüdischen Religion zutrifft.

Der entscheidende Differenzpunkt muss also woanders gesucht werden, und zwar im Zusammenhang der Ambivalenz des paulinischen Gesetzesverständnisses: Einerseits bezeichnet Paulus das Gesetz als «heilig» (Röm 7,12), als Gabe «zum Leben» (Röm 7,10), als unverlierbares Zeichen der Erwählung Israels vor den Heiden (Röm 3,2; 9,4), als Norm ethischen Lebens auch für Christen (Röm 13,9; 1Kor 7,19) und als Maßstab im Endgericht (Röm 2,13). Andererseits kommt er angesichts der Geschichte und des Geschicks Christi zu einer umfassenden Neubewertung des Gesetzes: So hat «die Offenbarung Gottes in Christus die Offenbarung vom Sinai abgelöst und in den Schatten gestellt»[83] (vgl. Röm 10,4). Was er vormals als Gewinn ansah, seine eigene pharisäische Torapraxis, erscheint ihm nunmehr als «Verlust» (Phil 3,7); das Gesetz wird charakterisiert als «Gesetz der Sünde und des Todes», von dem der heilige Geist frei macht (Röm 8,2), als «Fluch», von dem Christus uns erlöst, indem er «zum Fluch wurde für uns» (Gal 3,13). Hinzu kommt, dass es nach Paulus «im Blick auf das ausstehende Endgericht Ungewissheit und eigenes Streben nach Gerechtigkeit einschloss»[84] (vgl. Röm 3,27; 10,3). Letzteres wird durch frühjüdische (und frührabbinische) Texte bestätigt, die ein «feines Gespür für die Problematik des Zusammenhangs zwischen dem Gehorsam und der Vergeltung bemerken» lassen. «Das Vergeltungsprinzip gilt ungebrochen; nirgends wird in Zweifel gezogen, dass die Gebotserfüllung belohnt und die Übertretung bestraft wird.»[85] Dem stellt Paulus das «Prinzip» der Glaubensgerechtigkeit entgegen, das davon ausgeht, dass in der Zugehörigkeit zu Christus der Freispruch im Gericht erfolgen wird, unabhängig von den «Werken des Gesetzes». Die Christusgemeinschaft impliziert allerdings eine umfassende Veränderung und Neuwerdung des ganzen Menschen (Röm 12,2), die weder sekundär erst hinzutritt noch lediglich – «höchst paradox» – allein dem Glauben begreifbar wäre, sondern höchst konkrete ethische Gestalt annimmt.

Aus den drei ausgeführten Begründungsfiguren paulinischer Ethik lässt sich zugleich die Kriteriologie seiner Ethik ableiten: Die Glaubenden leben in Entsprechung zum Christusgeschehen, also «Christus Jesus gemäß» (Röm 15,5) und d. h. zugleich «gemäß der Liebe» (Röm 14,15). Das Liebesgebot

---

82 *Friedrich Avemarie*, Tora und Leben, S. 578.
83 *Peter Stuhlmacher*, Biblische Theologie des Neuen Testaments 1, S. 259, 262.
84 *Ferdinand Hahn*, Theologie des Neuen Testaments 1, S. 232.
85 *Friedrich Avemarie*, Tora und Leben, S. 578.

und das «Gesetz Christi» (Gal 6,2; vgl. 1Kor 9,21) sind für Paulus identisch. Zugleich leben die, die in Christus sind, «gemäß dem Geist» und werden so befähigt, die «Gerechtigkeit des Gesetzes» (Röm 8,4) zu erfüllen. Solches Tun des «Gesetzes des Geistes» (Röm 8,2) qualifiziert das ganze Leben als «Frucht des Geistes» (Gal 5,22–23), ist aber gerade nicht identisch mit einem Leben «unter dem Gesetz» (Gal 5,18). Der endzeitliche Horizont schließlich dringt auf eine lebendige Wachsamkeit und erhebt die unvertretbar wahrzunehmende Verantwortung für die anderen zur Richtschnur christlichen Handelns. Angesichts dieser Kriterien ist es für Paulus ausgeschlossen, die Inhalte des Gesetzes pauschal zu übernehmen. Seine Haltung in der Diskussion um die Beachtung von Speisevorschriften in der römischen Gemeinde ist ein Beispiel von vielen. Es ist aufschlussreich, wie er sich trotz der Unerschütterlichkeit seiner eigenen Position eine Sensibilität für die Schwäche der anderen bewahrt und «Schwachheit im Glauben» als «eine akzeptable Form christlicher Existenz ansieht».[86] Auch dieser Einzelfall bestätigt: «Die Erfüllung des Gesetzes verwirklicht sich [...] dort, wo der ‹Glaube durch die Liebe wirksam› wird» (Gal 5,6).[87]

---

86 *Volker Gäckle*, Die Starken und die Schwachen, S. 242.
87 *Ferdinand Hahn*, Theologie des Neuen Testaments 1, S. 242. Vgl. im unmittelbaren Kontext von Röm 14 die ethischen Leitsätze Röm 13,10 und Röm 15,7.

6. Glaube und Gefühl

Das Gefühl spielt in der Fundamentaltheologie eine Rolle «als Quelle und konstitutives Element des Glaubens», doch zugleich fällt auf, dass es in der neueren dogmatischen Diskussion «kaum als eigenes Thema bedacht» wurde.[1] Daraus ergibt sich die Problematik, dass die Definitionen der Begriffe und Phänomene in diesem Feld schwankend sind und die Zugänge und Methoden uneinheitlich. Außerdem existieren die unterschiedlichsten geistesgeschichtlichen Voraussetzungen ebenso wie beharrliche Gegnerschaften, die auch dem gegenwärtigen Diskurs ihr Gepräge geben. Prinzipiell scheinen sich zwei voneinander zu unterscheidende, aber nicht zu trennende Ausprägungen des (religiösen) Gefühlsbegriffs abzuzeichnen: Auf der einen Seite steht die alltagssprachlich vorgegebene (aber begrifflich nicht immer einwandfreie) Rede vom «Gefühl» als Ober- oder Äquivalenzbegriff zu «Affekt» oder zu «Emotion» oder die Verbindung mit der religiösen «Erfahrung». Auf der anderen Seite wird das religiöse Gefühl jenseits des spontanen und subjektiven Fühlens oder Erfahrens «als unmittelbare Gegenwart des ganzen ungeteilten Daseins in jedem einzelnen Lebensmoment» beschrieben.[2] Bei solcher «Selbstgewissheit des Glaubens» handelt es sich «nicht nur um eine Sache des Kopfes, sondern grundlegend, zuerst und zuletzt, des Herzens», um eine «Bestimmtheit [...] des Lebensgefühls».[3]

Theologiegeschichtlich wirkmächtig ist insbesondere die Verknüpfung des Glaubens mit der Mystik, wobei die Mystik je nach Kontext und Aussageabsicht eher mit punktuellen unmittelbaren Gotteserfahrungen oder mit der Ganzheit der Gottesbegegnung in Verbindung gebracht wird. Die folgende Darstellung wird keine Klärung der Begrifflichkeiten herbeiführen, sondern lediglich auf einzelne im Umfeld dieses Komplexes diskutierte Fragen zu sprechen kommen können.

Friedrich Schleiermacher, der seine «Dogmatik» programmatisch mit dem Titel «Glaubenslehre» versehen hat, erkannte den Glauben bzw. die Frömmigkeit als notwendiges Element des menschlichen Geistes und grenzte den Bereich bzw. den «Sitz» der Frömmigkeit so ab: «Die Frömmigkeit an sich ist weder ein Wissen noch ein Thun, sondern eine Neigung und Bestimmtheit des Gefühls.» In der Anmerkung ergänzt er: «Unter Gefühl verstehe ich das

---

1   *Marcel Sarot*, Art. Gefühl, Sp. 535f.
2   *Wolfhart Pannenberg*, Systematische Theologie 3, S. 192f.
3   *Eilert Herms*, Offenbarung und Glaube, S. XII. Die «Selbstgewissheit des Glaubens» ist das «Gefühl der Wahrheit über das eigene Dasein» (XIII).

unmittelbare Selbstbewusstsein.»[4] Aus dem Kontext seiner Schriften lässt sich schließen, dass sich für ihn im Gefühl das ganze Dasein des Menschen bündelt. Es reicht von allen geistigen Anlagen am weitesten und am tiefsten und schafft «eine rein tatsächliche Gewissheit, aber die einer vollkommen innerlichen Tatsache».[5] Glaubenssätze sind folglich Ableitungen eines nicht-sprachlichen inneren Vorgangs, die aber durchaus mit einem «wahrheitsfähigen Moment» verknüpft sind.[6] Schon deshalb greift die in der Schleiermacher-rezeption mitunter anzutreffende Reduktion von dessen Glaubensbegriff auf emotionale und expressive Momente zu kurz.

Genau hier liegt aber der Ansatzpunkt der Polemik Karl Barths. Ihm sind die Stichwörter «Glaube» und «Glaubenslehre» schon deshalb verdächtig, weil er sie mit dem (aus Schleiermachers Theologie hervorgegangenen) libe-ralen und neuprotestantischen Milieu des 19. Jahrhunderts in Verbindung bringt. Dies erklärt seinen recht knappen und polemischen, jedoch m. E. kei-neswegs «lustlosen»[7] Abschnitt in der Kirchlichen Dogmatik zum Thema «Glaube», mit dem er seine Versöhnungslehre abschließt.[8] Barth empört sich über die neuzeitlichen Glaubenslehren, die die christliche Wahrheit so dar-stellten, «als sei das ihre höchste Ehre, rund um das christliche Individuum mit seinem bisschen Glauben rotieren zu dürfen, und man musste noch froh sein, wenn sie dieses nicht geradezu als ihren Produzenten und Herrn darstellten».[9] Er wolle «dem christlichen Individuum und seinem Glauben» erst am Ende des Weges Aufmerksamkeit zukommen lassen.[10] Dass es Barth hier in seiner Polemik letztlich nicht um das Wesen des «Glaubens», sondern eigentlich um das bisschen individuelle «Frömmigkeit» geht, ist offensicht-lich. Andernorts hat sich Barth weit konstruktiver an der positiven Darlegung des Glaubensbegriffes – auch und gerade jenseits des Anthropologischen – beteiligt.[11]

---

4   *F. D. E. Schleiermacher*, Der christliche Glaube (1821–1822) § 8, KGA 1/7,1, S. 26.

5   *F. D. E. Schleiermacher*, Der christliche Glaube (1830–1831) § 14,1, KGA 1/13,1, S. 116. Vgl. auch *Wilfried Härle*, Dogmatik, S. 67f.

6   Dazu *Heiko Schulz*, Theorie des Glaubens, S. 187.

7   So aber *Dieter Lührmann*, Glaube im frühen Christentum, S. 15.

8   *Karl Barth*, KD 4/1, S. 826–872.

9   *Karl Barth*, KD 4/1, S. 828.

10 *Karl Barth*, KD 4/1, S. 828. Dagegen *Gerhard Ebeling*, Jesus und Glaube, S. 205, Anm. 2. Barths Polemik zwänge eigentlich zu einer «scharfen Erwiderung», die er jedoch zugunsten einer sachlichen Beschäftigung mit dem Glauben beiseitelasse.

11 Vgl. *Karl Barth*, KD 1/1, S. 239–261: «Das Wort Gottes und der Glaube»; daneben die Bonner Vorlesung von 1946, die unter dem Titel «Dogmatik im Grundriss im Anschluss an das apostolische Glaubensbekenntnis» (1947) erschien (dazu *Martin Seils*, Glaube, S. 210).

Auch im unmittelbaren Umfeld Barths wird auf den Gegensatz zwischen moderner «mystischer» Religionsauffassung und christlichem Glauben hingewiesen und Schleiermacher als Kronzeuge für das getadelte neuzeitliche Verständnis der Religion beansprucht.[12] Emil Brunner schreibt über Schleiermacher: «[E]r ist der bedeutendste von denen, die es fertig brachten, den Inhalt des christlichen Glaubens in Mystik umzuprägen und aufzuarbeiten, und er ist sicher einer der größten Faktoren dieses geistigen Prozesses [...] Er, der einzige wirklich große Theologe des Jahrhunderts, ist gleichsam der Wurzelstock, von dem, wie Absenker, unterirdisch mit ihm verbunden, die ‹christliche Mystik› der modernen Theologie herkommt.»[13] Diese mystische, auf das individuelle religiöse Gefühl gerichtete Auffassung des Glaubens verhalte sich zum reformatorischen Glauben wie «Feuer und Wasser».

Während aus diesem Urteil nicht zuletzt eine typisch protestantische Berührungsscheu gegenüber einer «mystischen» Frömmigkeit spricht, bricht sich im gegenwärtigen Diskurs ein Glaubensverständnis Bahn, welches – durchaus im Anschluss an Schleiermacher – das Gefühl im Sinne eines «seelisch-leiblichen Bestimmtwerdens» als Ort des Glaubens, ja als «die am tiefsten reichende Verankerung des Glaubens» beschreibt.[14] In seinem letzten Lebensjahr fragte selbst Karl Barth in einem Nachwort zu einer Auswahl von Schleiermacher-Texten, ob nicht in der «mystischen» Frömmigkeit – von den Spiritualisten des Mittelalters über die Pietisten bis zu Schleiermacher – der Geist Gottes am Werk gewesen sei, «d. h. der in der ihm eigenen Freiheit, Macht, Weisheit und Liebe sich selbst vergegenwärtigende und applizierende Gott».[15] Weitere Unterstützung erhält diese Tendenz aus der neueren Lutherforschung, die – sich von der Lutherinterpretation der dialektischen Theologie abwendend – von einem «mystischen Grundcharakter» der Theologie Luthers spricht, welche in der christlichen Mystik des vormodernen Abendlandes verwurzelt sei. Luther bewerte die *theologie mystica* höher als die diskursive *theologia rationalis*, denn sie richte ihr Augenmerk auf den «geistlichen Menschen»[16] in der Ganzheit seines Seins und in der Ganzheit seiner individuell-persönlichen Gottesbegegnung, «in der alle Seelenkräfte, Verstand, Wille, Einbildungskraft

---

12   *Emil Brunner* titelte «Die Mystik und das Wort. Der Gegensatz zwischen moderner Religionsauffassung und christlichem Glauben dargestellt an der Theologie Schleiermachers».

13   *Emil Brunner*, Die Mystik und das Wort, S. 6.

14   *Wilfried Härle*, Dogmatik, S. 68

15   *Karl Barth*, Nachwort, S. 311 (mit Verweis auf 1Kor 3,17). In dieselbe Zeit fällt die viel zitierte These von *Karl Rahner*: «[...] der Fromme von morgen wird ein ‹Mystiker› sein, einer, der etwas ‹erfahren› hat, oder er wird nicht mehr sein.» Vgl. dazu *Peter Zimmerling*, Evangelische Spiritualität, S. 22–26.

16   *Martin Luther*, Hebräerbriefvorlesung (1517/1518), WA 57/3, S. 179, 197.

und Gefühl, samt den leiblichen Erfahrungsbezügen des Menschen ergriffen werden».[17]

Dass unter der Rubrik des Gefühls auch der Aspekt des Vertrauens verhandelt wird, bedarf einer Erläuterung.[18] Das Vertrauen ist nach Philipp Melanchthon das letzte Glied der Reihe «Kenntnisnahme» (*notitia*), «Zustimmung» (*assensus*) und «Vertrauen» (*fiducia*), mittels welcher er das komplexe Phänomen des rechtfertigenden Glaubens zu beschreiben versucht. Der *fiducia* räumt er dabei Vorrang ein. Fehlendes Vertrauen ist demgegenüber das Signet der Erbsünde, denn «nach Adams Fall sind alle Menschen [...] ohne Vertrauen gegenüber Gott».[19] Klassisch wurde für die lutherische Dogmatik seine Bezeichnung des Vertrauens als eine «Bewegung des Willens»[20]. Jedoch belegt dies keineswegs eine voluntative Engführung seines Glaubensverständnisses; vielmehr bewirkt die göttliche Gnade eine Umkehr des sündigen Affekts und schafft einen «guten» Affekt, der den Willen mitreißt. Diese gnadenhafte, tiefgreifende Neubestimmung des Menschen schließt nun eine affektive, «herzliche» Hinwendung zum Wort der Verheißung und zur Person Christi ein: «Rechter Glaube ist alle Gottes Wort, die uns gegeben sind, gewisslich fürwahrhalten – und also auch die Verheißung der Gnaden – und ist also ein herzlich Vertrauen auf den Heiland Christum, dass uns Gott um dieses seinen Sohnes willen gnädiglich unsere Sünde vergibt, annimmt und Erben macht ewiger Seligkeit.»[21]

Auf Martin Luther geht die Einsicht zurück, das Evangelium nicht zunächst als Lehre, sondern als Verheißung und damit das Vertrauen als «Vertrauen in die Verheißung» (*fiducia promissionis*) zu verstehen. «Mit dieser Wendung hängt bei Luther auch die Betonung des affektiven, nicht nur intellektuellen Charakters des Glaubens [...] zusammen.»[22] Auf die Verheißung und den in der Person Christi Gestalt gewordenen Inhalt der Verheißung richtet sich das Vertrauen des empfangenden Menschen. In seiner Disputation «Über den Glauben» umschreibt Luther das Vertrauensverhältnis zu Christus

---

17 Vgl. *Berndt Hamm*, Wie mystisch war der Glaube Luthers?, S. 244.
18 Die Vertrauensforschung hat sich in den vergangenen beiden Jahrzehnten zu einem äußerst lebendigen und komplexen Forschungsgebiet entwickelt. Bei aller Vielgestaltigkeit besteht «zumindest ein minimaler Konsens darüber, dass Vertrauen eine affektive Dimension in sich befasst» (*Claudia Welz*, Vertrauen und Versuchung, S. 76).
19 Confessio Augustana Art. 2 (Von der Erbsünde).
20 *Philipp Melanchthon*, Loci. De vocabulo fidei, S. 407.
21 *Philipp Melanchthon*, Heubtartikel Christlicher Lere. Vom Wort «Glauben», S. 268.
22 *Wolfhart Pannenberg*, Wahrheit, Gewissheit und Glaube, S. 242. Schon früh hat sich Luther das Ineinander von Glaube und Verheißung erschlossen. In einer Randglosse zu Röm 4,14 findet sich die viel zitierte Formel: «fides et promissio sunt relativa» (*Martin Luther*, Römerbriefvorlesung (1515/1516), WA 57, S. 45).

mit einem Bild mystischen Ursprungs. «Wahrer Glaube ergreift mit ausgebreiteten Armen voller Freude den für ihn dahingegebenen Sohn und sagt: ‹Das ist mein Geliebter, und ich bin sein› [Hohelied 2,16].»[23] In seiner Galaterbriefvorlesung drückt Luther das «Grundgefühl» des Glaubens auf kaum überbietbare Weise als die erlebte Verbindung, ja Vereinigung mit Jesus Christus aus: «Man muss richtig von dem Glauben lehren, durch den du so mit Christus zusammengeschweißt wirst, dass aus dir und ihm gleichsam eine Person wird, die man von ihm nicht losreißen kann, sondern die beständig ihm anhangt und spricht: Ich bin [wie] Christus; und Christus wiederum spricht: Ich bin [wie] jener Sünder, der an mir hängt und an dem ich hänge. Denn wir sind durch den Glauben zu einem Fleisch und Bein verbunden, wie Eph 5[,30] steht [...] So, dass dieser Glaube Christus und mich enger verbindet als ein Gatte seiner Gattin verbunden ist.»[24] Man kann in dieser von mittelalterlicher Mystik durchtränkten Bildersprache durchaus den Kern der Rechtfertigungslehre Luthers erkennen. Denn «diese ist ein begriffliches Konzept, das einen Vorgang beschreibt – aber nicht einen Vorgang dritter Person, sondern den durch das Evangelium, den Zuspruch der Person und des Lebens Jesu motivierten, ‹von innen› (‹ich bin ...›) erlebten Vorgang der kontrafaktischen, dem ursprünglichen Selbstverständnis widersprechenden Wandlung des Selbsturteils».[25]

An diesen selektiv vorgetragenen Äußerungen aus der Theologiegeschichte zum Themenkomplex «Glaube und Gefühl» bestätigt sich die eingangs angedeutete methodische und terminologische Problemlage: Glaube wird einerseits verstanden als eine Bestimmtheit des Gefühls, als eine «von innen» erlebte fundamentale Neuausrichtung, andererseits als die vielförmige und vielschichtige individuelle Erfahrung der göttlichen Nähe. Auch für die Diskussion um den paulinischen Glaubensbegriff bleibt diese Zweipoligkeit von Bedeutung, und auch hier empfiehlt es sich, nicht von festen Definitionen auszugehen, sondern die Weite der Phänomene deskriptiv in den Blick zu nehmen.

Glaube als «mystisches» Erleben

Forschungsgeschichte

Um 1900 hatte die «Mystik» nicht nur in der Philosophie und der Religionsphilosophie Hochkonjunktur, sondern auch in der Exegese des Neuen Testaments und vornehmlich in den Darstellungen der paulinischen Theologie. Der

---

23 *Martin Luther*, Disputation «De fide» (1535), WA 39/1, S. 46.
24 *Martin Luther*, Galaterbriefvorlesung (1531/1535), WA 40/1, S. 285f. (zu Gal 2,19–20).
25 *Notger Slenczka*, «Allein durch den Glauben», S. 310.

Kieler Neutestamentler und Kirchengeschichtler Hermann Lüdemann formulierte in einer Arbeit über die Anthropologie des Apostels Paulus aus dem Jahr 1872 eine einflussreiche These: bei Paulus stünden sich eine (judenchristliche) «religiöse oder subjectiv-ideelle» Erlösungslehre und eine (hellenistische) «ethische oder objectiv-reale» gegenüber.[26] Merkmal des einen Gedankenkomplexes sei der Glaube, während die Rede vom Geist den anderen Gedankenkomplex repräsentiere. Während nun in den früheren Paulusbriefen beide Konzeptionen noch hierarchiefrei und ungeklärt nebeneinander Platz hätten, werde die Glaubensgerechtigkeit im Römerbrief «herausgedrängt». Eine klare Rangordnung sei nun die Folge: «Gerade die Momente, in welchen man nicht selten das Palladium des Paulinismus erblickt, die stellvertretende Genugtuung Christi und die Gerechtigkeit aus dem Glauben, sind, nachdem sie einst zu einem Teil wirklich den innersten Kern des paulinischen Evangeliums gebildet haben, dennoch aus dieser zentralen Stellung nach und nach herausgedrängt worden, um in der reifsten Gestalt der Lehre vielmehr nur die Propyläen darzustellen, durch die namentlich der vom Judentum herkommende Christ seinen ‹Zutritt› nehmen muss zu den Heilsgütern.»[27]

Der rechtfertigende Glaube und die mystische Christusgemeinschaft verhalten sich also wie Propyläen und Palladium, wie Säulenfassade und Heiligtum – oder, wie Albert Schweitzer im Gefolge von Lüdemann in einer vielzitierten Metapher formulierte: «Die Lehre von der Gerechtigkeit aus dem Glauben ist also ein Nebenkrater, der sich im Hauptkrater der Erlösungslehre der Mystik des Seins in Christo bildet.» Man müsse sich damit abfinden, so Schweitzer, dass Zentrum und Peripherie nicht zueinanderfinden, denn Paulus' Logik sei «gekünstelt» und sein Gedankenerzeugnis «unnatürlich».[28] An diesen Spitzenaussagen offenbart sich die neukantianische Logik im Denken Schweitzers, die ihm eine konsequent ethische Interpretation der paulinischen Theologie eröffnet[29]; die Christusmystik führt zur Ethik, mithin zum wahren Ausweis und eigentlichen Prüfstein des Christlichen.

In der Folge wurden zwei Wege eingeschlagen: Entweder verwies man jegliche Affektivität und Innerlichkeit in den Bereich der Christusgemeinschaft oder man versuchte – gegen Schweitzers Verdikt – die beiden Pole Rechtfertigung und Mystik im Glaubensbegriff zusammenzuführen.

Erwin Wissmann kommt zum Schluss, dass der Glaube rein dogmatischer, fürwahrhaltender Natur und mit der Annahme des Missionskerygmas gleich-

---

26 *Hermann Lüdemann*, Die Anthropologie des Apostels Paulus, S. 171f.
27 *Hermann Lüdemann*, Die Anthropologie des Apostels Paulus, S. 216.
28 *Albert Schweitzer*, Die Mystik des Apostels Paulus, S. 219f.
29 Vgl. *Eberhard Jüngel*, Paulus und Jesus, S. 21.

zusetzen sei. Die mystisch-affektive Dimension der christlichen Wirklichkeit komme erst durch das «Sein in Christus» zustande. Nur dort gebe es diese «überwallende Erfahrung» der «mystische[n] Verbundenheit mit Christus», dieses «Ergriffensein», diese «Brandungen religiöser Hochflut» und dieses «lebenssprühende Hochgefühl des kraftvollen religiösen Genius». Der Glaube bleibe unberührt von solchen Gefühlsäußerungen, sei aber dennoch «unerlässliche Voraussetzung für das Zustandekommen jeglicher Christusfrömmigkeit und man müsste grundlegend zugeben: ohne *pistis* keine Christusgemeinschaft».[30]

Mit seiner Arbeit reagierte Wissmann auf eine synthetisch angelegte Verhältnisbestimmung, wie sie beispielsweise bei Adolf Deißmann zu finden ist: Der paulinische Glaube sei «die in der Gemeinschaft mit Christus hergestellte Verbindung mit Gott, die ein unerschütterliches Abrahamsvertrauen auf die Gnade Gottes ist. Gott-Innigkeit in Christo Jesu, Gott-Innigkeit des Christ-Innigen, das ist der Glaube des Paulus.»[31]

Spätestens mit Adolf Schlatters Werk zum neutestamentlichen Glaubensbegriff allerdings wurde die «mystische» Voreingenommenheit und Einseitigkeit der damaligen Zeit nachhaltig durchbrochen. Auch Rudolf Bultmann hielt diese Aufspaltung der paulinischen Theologie in «Mystik» und «Rechtfertigung» für ein Produkt exegetischer Phantasie und betonte schon früh gegen die Mehrheit der Religionsgeschichtlichen Schule, dass bei Paulus «das Glauben in neuem Sinn in das Zentrum der Frömmigkeit gerückt wird», und zwar «als der rechtfertigende Glaube».[32]

Exegese

Bultmanns Ablehnung einer paulinischen «Mystik» rührt u. a. von seiner Opposition zur Religionsgeschichtlichen Schule und zu der von ihr vertretenen Auffassung mystischer Frömmigkeit, derzufolge die Mystik «in der Ekstase das unweltliche Jenseits zur Gegebenheit bringen möchte».[33] Für das Folgende legt es sich jedoch nahe, nicht von einem vorgeprägten Verständnis des Begriffs «Mystik» auszugehen, sondern ihn mit Motiven und Assoziationen der paulinischen Ausdrucksweise selbst zu füllen.[34] Hier ist zuallererst an

---

30 *Erwin Wissmann*, Das Verhältnis von ΠΙΣΤΙΣ und Christusfrömmigkeit, S. 98, 102, 107, 108, 95.

31 *Adolf Deißmann*, Paulus, S. 128.

32 *Rudolf Bultmann*, Biblische Theologie, S. 82.

33 *Rudolf Bultmann*, Das Christentum als orientalische und als abendländische Religion, S. 205.

34 Vgl. *James D. G. Dunn*, The Theology of Paul the Apostle, S. 395 Anm. 27. Zur Methodik s. a. *Hans-Christoph Meier*, Mystik bei Paulus, 18–26.

die Vorstellung vom «Sein in Christus» zu denken, aber auch an die schon mehrfach thematisierte Wendung «Christusglaube». Kann die sachliche Übereinstimmung dieser beiden für Paulus so wichtigen Denkfiguren nachgewiesen werden, wird auch die von Schweitzer propagierte Abspaltung einer rechtfertigungstheologischen («Glaube») von einer partizipatorischen Soteriologie («in Christus»-Sein) obsolet.

Die Wendung «in Christus» und die verwandten Bildungen[35] finden sich nur bei Paulus und in der Paulusschule – und zwar in großer Zahl.[36] Man kann in diesen Belegstellen also mit einem spezifischen Charakterzug paulinischer Theologie rechnen. Paulus setzt allerdings keineswegs eine einheitliche Bedeutung dieser Wendung voraus, sondern fasst darunter verschiedene Aspekte der christlichen Identität; mitunter begegnet ein abgeschliffener Gebrauch, der schlicht das Adjektiv bzw. Adverb «christlich» ausdrückt.

Unter der Voraussetzung einer relativen Durchlässigkeit der jeweiligen Trennlinien lassen sich drei Kategorien bestimmen: eine «objektive», eine «aktive» und eine «subjektive».[37] Die «objektive» Verwendung umfasst die Hinweise auf das bereits geschehene oder noch zu erwartende Versöhnungshandeln Christi und ist beispielsweise gemeint, wenn Paulus von der Erlösung spricht, die «in Christus Jesus» ist (Röm 3,24).[38] Mit der «aktiven» Kategorie zielt Paulus auf sein eigenes Tun bzw. auf die Ermahnung an die Gemeinden, nach Maßgabe des Evangeliums zu leben – etwa «in Christus» die Wahrheit zu sagen (Röm 9,1).[39] In der «subjektiven» Verwendung tritt nun das «in Christus»-Sein der Christinnen und Christen in den Blick, mit dem Paulus das christliche Existenzverständnis pointiert zum Ausdruck bringt: «Betrachtet euch als solche, die für die Sünde tot, für Gott aber lebendig sind, in Christus Jesus» (Röm 6,11). «Denn ihr seid alle eins in Christus Jesus» (Gal 3,28). «Wenn also jemand in Christus ist, dann ist das neue Schöpfung; das Alte ist vergangen, siehe, Neues ist geworden» (2Kor 5,17).[40] Eine Zusammenschau der einzelnen Stellen ergibt, dass sich für Paulus in diesen Aussagen das

---

35 «In Christus Jesus», «im Herrn», «im Herrn Jesus», «im Herrn Jesus Christus».

36 Die Ausnahme bildet einzig der stark von paulinischen Gedanken beeinflusste ersten Petrusbrief (1Petr 3,16; 5,10.14).

37 *James D. G. Dunn*, The Theology of Paul the Apostle, S. 397–399. Dort auch die im Folgenden aufgeführten Belegstellen.

38 Vgl. weiter: Röm 6,23; 8,2.39; 15,17; 1Kor 1,4; 15,19.22.31; 2Kor 2,14; 3,14; 5,19; Gal 2,17; 3,14; 5,6; Phil 1,26; 2,5; 3,3.9.14; 4,19; 1Thess 5,18.

39 Vgl. zu «in Christus» Röm 9,1; 16,3.9; 1Kor 4,15.17; 16,24; 2Kor 2,6.17; 12,19; Phil 1,13; 4,13; zu «im Herrn»: Röm 14,14; 16,12; 1Kor 7,22.39; 9,1–2; 11,11; 15,58; 2Kor 2,12; Gal 5,10; Phil 1,14; 2,19.24; 3,1; 4,1–2.4.10; 1Thess 3,8; 5,12.

40 Vgl. zu «in Christus»: Röm 8,1; 12,5; 16,3; 1Kor 1,2; 1,30; 15,18; 2Kor 5,17; Gal 1,22; 2,4; zu «im Herrn»: Röm 16,8–13; 1Kor 4,17; 9,1; Phlm 16.

christliche Leben, seine Quelle, Identität und Verantwortung in seiner Ganzheit erschließt.[41] Es ist zudem auffallend, wie sehr sich dieser Gebrauch im Sprachspiel des Paulus bereits eingeprägt hat, so selbstverständlich und natürlich fließt ihm diese Wendung aus der Feder.

Fragt man nach dem Charakter der Existenz «in Christus», darf man nicht auf einen Konsens innerhalb der Paulusforschung hoffen. Jedoch wird derzeit die Auffassung bevorzugt, dass die «in Christus»-Aussagen primär eine räumliche Dimension implizieren: Wer «in Christus» ist, befindet sich in der «Christus-Sphäre», im Herrschaftsbereich Christi und hat Anteil an der durch das Christusereignis neu konstituierten Wirklichkeit. Abgelehnt wird allerdings – m. E. zu Unrecht – eine «mystische» Komponente innerhalb dieses räumlichen Verständnisses, wie sie seinerzeit von Adolf Deißmann vertreten wurde: «Wie die Lebensluft, die wir einatmen ‹in› uns ist und uns erfüllt, und wir doch zugleich ‹in› dieser Luft leben und atmen, so ist es auch mit der Christ-Innigkeit des Apostels Paulus: Christus in ihm, er in Christus.»[42] Entkleidet man diese Sprache von ihrem überschwänglichen Pathos und berücksichtigt man die Asymmetrie des Verhältnisses zwischen Herr und Mensch – es handelt sich nicht um eine mystisch-verklärte Verschmelzung – dann tritt die *particula veri* dieser Aussage ans Licht: «in Christus»-Sein meint durchaus eine «Bestimmtheit des Gefühls», welches affektive und emotionale Anteile dieser Beziehung zu Christus und die «mystische», durch den Geist vermittelte Erfahrung der Gegenwart Christi als des Auferstandenen und Lebendigen einschließt.[43] Mitunter spricht Paulus auch von der Einwohnung Christi im Gläubigen, am prominentesten in seinem Satz: «Nicht mehr ich lebe, sondern Christus lebt in mir» (Gal 2,20), mit dem er sich «in der Tat im Sprachmilieu des ‹Enthusiasmus›» befindet.[44] Die dynamisch-geschichtliche Beschaffenheit des Christusereignisses, die bei Paulus offensichtlich ist und sein ganzes Wirklichkeitsverständnis bestimmt, lässt dabei keine statische, ungeschichtliche Auffassung dieser Beziehungsstruktur mit Christus zu. Die Teilhabe an der durch Christus herbeigeführten Wirklichkeit bindet bleibend an die Person Christi als den Herrn und verbindet zugleich mit anderen von Christus Ergriffenen.[45]

---

41 Vgl. *James D. G. Dunn*, The Theology of Paul the Apostle, S. 399.

42 *Adolf Deißmann*, Paulus, S. 111.

43 Vgl. *James D. G. Dunn*, The Theology of Paul the Apostle, S. 400.

44 So selbst *Hans Conzelmann*, Grundriss der Theologie des Neuen Testamentes, S. 233.

45 Insbesondere *Rudolf Bultmann* betont die ekklesiologische Bedeutung der Wendung «in Christus» (*ders.*, Theologie des Neuen Testaments, S. 312).

Die Genitivverbindung «Christusglaube» (*pistis Christou*)[46] ist derzeit Gegenstand intensiver exegetischer Debatten. Handelt es sich um einen subjektiven Genitiv («Glaube/Treue/Gehorsam Christi») oder um einen objektiven Genitiv («Glaube an Christus»)? Die wörtliche Übersetzung «Christusglaube» lässt ja noch offen, wer das Subjekt der *pistis* ist, Jesus oder wir Menschen. Da der gegenwärtige Streit «keine Quisquilie, sondern zentrale theologische Probleme»[47] betrifft, sei kurz darauf eingegangen. Ein Großteil der Auslegerinnen und Ausleger besteht nach wie vor auf der traditionellen Deutung, die hier den menschlichen Glauben an Christus ausgesprochen sieht, der sich äußert als Entsprechung zum Evangelium, zur Gnade Gottes, zur seiner Gerechtigkeit oder zur Heilstat Christi. Mit erstaunlicher Durchschlagskraft bricht sich jedoch seit den 1980er Jahren die subjektive Lesart Bahn, v. a. in der angelsächsischen, zunehmend jedoch auch in der kontinentaleuropäischen Forschung.[48] Sie versteht unter *pistis Christou* den Glauben, die Treue oder den Gehorsam Christi, welche sich je nach Auslegungsrichtung auf den präexistenten Christus, seine Inkarnation, seine Lebenshaltung oder – dies ist die am weitesten verbreitete Meinung – auf seinen Tod am Kreuz beziehen.

Paulus selbst spricht vom «Christusglauben» (wie von der Wendung «in Christus») mit einer großen Selbstverständlichkeit und sieht sich offenbar zu keiner eingehenden Definition oder Deutung veranlasst. Die neuesten Untersuchungen zum Thema stimmen darin überein, dass die herkömmliche Unterscheidung zwischen subjektivem und objektivem Genitiv einem angemessenen Verständnis der umstrittenen Wendung eher im Wege steht als dass sie hilft. Denn sie wird weder der Komplexität des griechischen Genitivs gerecht noch der Originalität der paulinischen Sprache. «Paulus denkt womöglich gar nicht in den Rubriken der Grammatiker»[49], sondern bringt mit dieser Genitivbildung vielmehr «in sehr charakteristischer Weise zum Ausdruck, dass der Christusglaube von Jesus herkommender, in ihm entspringender und gründender und darum an ihm haftender, von ihm her sein Leben, sein Glaubesein empfangender Glaube ist.»[50]

«Objektive» und «subjektive» Dimension sind keine sich ausschließende Alternativen, sondern kennzeichnen die schon mehrfach notierte Zweiheit des

---

46 Der mit *pistis* verbundene Genitiv kann verschiedene Gestalten haben: «Jesus Christus» (Röm 3,22; Gal 3,22); «Jesus» (Röm 3,26); «Christus Jesus» (Gal 2,16); «Christus» (Gal 2,16; Phil 3,9); «Sohn Gottes» (Gal 2,20); vgl. noch Eph 3,12.

47 *Karl Friedrich Ulrichs*, Christusglaube, S. 4.

48 Eine wahre Flut von Veröffentlichungen hat *Richard B. Hays'* Buch «The Faith of Jesus Christ» ausgelöst.

49 *Karl Friedrich Ulrichs*, Christusglaube, S. 22.

50 *Gerhard Ebeling*, Die Frage nach dem historischen Jesus, S. 316f.

paulinischen Glaubensverständnisses: *Pistis* ist zum einen «göttliche Geschehenswirklichkeit» und Signatur der neuen Heilszeit, die im Christusgeschehen begründet liegt. Zum anderen ist *pistis* als Glaube an das Evangelium die menschliche Entsprechung zu diesem Geschehen. Kennzeichnet Paulus mit dem Kommen des (Christus-)Glaubens eine mit Christus angebrochene neue Wirklichkeit (Gal 3,23.25), dann bedeutet der individuelle Glaube den Eintritt in diese Wirklichkeit, «in die *ganze* Wirklichkeit, ohne Abstrich und Verkürzung»[51], eine reale Veränderung der menschlichen Seinsweise.

An einigen Stellen, in denen der Begriff «Christusglaube» vorliegt, scheint Paulus auf den ersten Blick stilistisch unschön und redundant zu formulieren; gerade dort zeigt sich besagte Doppelung am klarsten, nach der Paulus das menschliche Glauben auf das von Gott her gekommene heilsgeschichtliche Geschehen des Glaubens bezieht: «Die Gerechtigkeit Gottes ist da durch den Christusglauben für alle, die glauben» (Röm 3,22) –, d. h. die Gerechtigkeit Gottes wird allen Glaubenden zugeeignet durch die mit Christus gekommene und von ihm bestimmte Heilsgestalt des Glaubens. Die hier konzentriert vorliegende Zweiheit einer christologisch-heilsgeschichtlichen und einer soteriologisch orientierten anthropologischen Dimension des Glaubens[52] findet sich ebenso in dem «Satzungetüm» Gal 2,16: «Weil wir aber wissen, dass ein Mensch nicht dadurch gerecht wird, dass er tut, was im Gesetz geschrieben steht, sondern durch den Jesus-Christus-Glauben, sind auch wir zum Glauben an Christus Jesus gekommen, damit wir aus dem Christusglauben gerecht würden und nicht dadurch, dass wir tun, was im Gesetz geschrieben steht» (vgl. auch Gal 3,22). Was für die *pistis-Christou*-Belege gilt, trifft auch auf die absolute Verwendung von *pistis* zu, da Glaube für Paulus immer Glaube in Bezug auf Christus ist.[53] Immer sind beide Pole, das «Objektive» und das «Subjektive», vereint, und der jeweilige Kontext gibt Auskunft darüber, worauf jeweils der Ton liegt.

Der Begriff «Christusglaube» kann folglich als prägnante Zusammenfassung des Heilsgeschehens verstanden werden, das dessen göttliche und menschliche Seite im Begriff des Glaubens vereint. Die Einreihung in den von Gott offenbarten Christusglauben meint m. E. nichts anderes als das «in Christus»-Sein: Sie erschließt dem Glaubenden das Heilsgeschehen von Tod und Auferstehung als Wahrheit, prägt ihm diese als «Herzensgewissheit» ein und macht sie ihm als «Basis seiner Wirklichkeitsbetrachtung und als Orien-

---

51 *Martin Buber*, Gottesfinsternis, S. 505.
52 Vgl. *Eberhard Jüngel*, Art. Glaube, Sp. 972.
53 Vgl. *Gerhard Friedrich*, Glaube und Verkündigung, S. 105.

tierung seiner Wirklichkeitsgestaltung evident.»[54] In gewisser Hinsicht trifft Adolf Deißmann also wieder das Wahre, wenn er für die Genitivverbindung «Christusglaube» die Kategorie «mystischer Genitiv» einführt,[55] sofern man diesen «Christusglauben» nicht als ein «mysteriöses Bezogensein auf eine unfassbare jenseitige Wirklichkeit» versteht,[56] sondern als ein im Herzen spürbares und fassbares Innesein[57] von der in Christus sich ereignenden Transformation der Wirklichkeit. Missverstanden wäre Paulus allerdings auch, wenn man davon ausginge, dass Glaube sich lediglich auf das Heilsgeschehen von Tod und Auferstehung, nicht aber auf ein personales Gegenüber bezöge.[58] Denn «Glaube ist ein Relationsbegriff und hat einen personalen Bezug».[59] Wer mit dem Herzen glaubt und also mit dem affektiven Personzentrum menschlicher Existenz am «Christusglauben» teilhat, erfährt eine personale «Christusgemeinschaft», die auch emotionale Intensität und Intimität einschließt.

Die hier zusammengetragenen Überlegungen zeigen, dass die paulinischen Vorstellungen von «in Christus»-Sein und «Christusglauben» ineinanderfließen. Es handelt sich keineswegs um zwei sich widersprechende Gedankenkreise, sondern um zwei verschiedene sprachliche Fassungen dessen, was nach Paulus Existenz- und Heilsgrund der Glaubenden ist. Die «Mystik des Seins in Christo» und die «Rechtfertigung aus Glauben» betreffen denselben Sachverhalt: Paulus kann sowohl ermahnen «Steht im Herrn!» (Phil 4,1; vgl. 1Thess 3,8) als auch «Steht im Glauben!» (1Kor 16,13). Derjenige, der «in Christus» ist, lebt «aus dem bzw. durch den Christusglauben».[60] Daher greift auch die Gegenüberstellung der Kategorien «subjektiv» und «objektiv» zu kurz: Die christologische Wesensbestimmung des Glaubens bei Paulus richtet den Glauben auf Gottes Heilstat in Christus aus – aus ihr entspringt er, an ihr hat er Anteil, auf sie zielt er. Die Wahrheit dieser Heilstat erschließt sich wiederum dem Menschen dadurch, dass er von ihr «im Innersten seines Seins» ergriffen und bewegt wird.[61] Für den solchermaßen «passiven», empfangenden Charakter der Christusbeziehung ist die Biographie des Paulus beredtes Beispiel.

---

54 *Christoph Schwöbel*, Art. Theologie, Sp. 271.
55 *Adolf Deißmann*, Paulus, S. 126f.
56 *Ferdinand Hahn*, Theologie des Neuen Testaments 2, S. 473.
57 Vgl. dazu die «Glaubensdefinition» von *Blaise Pascal*: «Das ist der Glaube: Gott spürbar im Herzen und nicht in der Vernunft» (*ders.*, Penseés Frg. 278).
58 So aber z. B. *Karl Friedrich Ulrichs*, Christusglaube, S. 242–244.
59 *Ferdinand Hahn*, Theologie des Neuen Testaments 2, S. 473. Es bietet sich daher an, statt von einem *genitivus mysticus* von einem *genitivus relationis* zu sprechen (vgl. *Benjamin Schließer*, Abraham's Faith in Romans 4, S. 277).
60 Vgl. *Fritz Neugebauer*, In Christus, S. 172.
61 *Gerhard Ebeling*, Luther und Schleiermacher, S. 418.

Zugleich ist damit eine «aktive» Seite der Verflochtenheit mit Christus unablösbar verknüpft. Paulus und die urchristlichen Gemeinden würden, «gefragt, was sie von den anderen Menschen unterscheidet, sicherlich gleichzeitig mit dem Verweis auf den Glauben auf die Geisterfahrung Bezug genommen haben». Es ist nicht zu bestreiten, dass «die urchristlichen Gemeinden einschließlich der paulinischen Missionsgemeinden charismatische Gemeinden waren».[62] Sie erlebten das Wirken des Geistes in der Verkündigung des Evangeliums (1Thess 1,4–7; Gal 3,1–5), die begleitet war von Zeichen und Wundern (Röm 15,19; 2Kor 12,12). Sie erfuhren den Geist im Gottesdienst, insbesondere im Abendmahl und in der Taufe (1Kor 10,1–4; 12,13), aber auch in Phänomenen wie der Glossolalie oder der Prophetie. Derartige Äußerungen des Geistwirkens sollen nach Paulus nicht gedämpft (1Thess 5,19), sondern geradezu erstrebt werden (1Kor 14,1), sofern sie gemeindliche Ordnung und Einheit nicht gefährden. Mit der Erwähnung seiner Entrückung «in den dritten Himmel» (2Kor 12,2) bezeugt Paulus selbst, dass ekstatische Erfahrungen zu seiner praktizierten Frömmigkeit gehörten.

Entscheidend sind für Paulus jedoch nicht temporäre, spontan auftretende ekstatische Geistphänomene, sondern dass der Geist «dauerhafte Bestimmtheit des christlichen Lebens» ist, «die den Menschen verändernde Kraft [...], die von innen heraus den Glaubenden verändert».[63] Somit meint Paulus nichts grundlegend Verschiedenes, wenn er einerseits von der Existenz der Christen «im Glauben» (vgl. 2Kor 13,5) und andererseits vom Sein «im Geist» (vgl. Röm 8,9; Gal 5,5) spricht, oder wenn er einmal die Rechtfertigung «im Geist unseres Gottes» (1Kor 6,11) geschehen sieht und sonst «aus Glauben».

Verstehenshorizont

Das religionsgeschichtliche Vergleichsmaterial fällt in diesem Kapitel knapp aus, nicht etwa, weil «mystische» Erfahrungen in der Umwelt des Paulus fehlen – das Gegenteil ist der Fall! –, sondern weil diese Erfahrungen nicht mit dem Begriff «Glaube» in Verbindung gebracht werden. Zwar gebraucht Paulus für die Beschreibung des neuen Seins der Gerechtfertigten in Christus «mit einer gewissen Vorliebe Worte, die nach Form und Inhalt an die verschiedenen Arten hellenistischer Mystik erinnern»[64], doch die Glaubensterminologie gehört nicht dazu. Erst durch die einzigartige Bedeutungsentwicklung des Wortes «Glaube» im Neuen Testament als Summe dessen, was Christsein bedeutet, werden jene «mystischen» Elemente ins Bedeutungsspektrum des

---

62 *Jürgen Becker*, Paulus, S. 440f. Dort auch zum Folgenden.
63 *Jürgen Becker*, Paulus, S. 441.
64 *Martin Dibelius*, Paulus und die Mystik, S. 152.

Glaubens aufgenommen und mit anderen Anschauungen (wie dem «Sein in Christus» oder dem «Sein im Geist») verbunden. «Der Grieche», so der klassische Philologe Max Pohlenz, «weiß, dass es Götter gibt, weil er sie mit seinem geistigen Auge ‹sieht› und sie erlebt. Er verspürt es ja ständig, dass er von Wesen mit übermenschlicher Kraft umgeben ist.»[65] Aber er bezeichnet jene Schau nicht mit dem Begriff «Glaube».

Blickt man in die frühjüdische Tradition, fällt sogleich Philos neuplatonisch gefärbte Auseinandersetzung mit dem Phänomen der Ekstase auf. Abrahams Verlassen seines Vaterlandes deutet Philo allegorisch: «Wenn also, o Seele, das Verlangen über dich kommt, der göttlichen Güter Erbe zu werden, so verlasse nicht nur Land, den Körper, Verwandtschaft, die Sinnlichkeit und das Vaterhaus [Gen 12,1], die Vernunft, sondern entfliehe auch dir selbst, gehe aus dir hinaus, gleich den Besessenen und nach Korybantenart Rasenden verzückt und gotterfüllt mit prophetischer Begeisterung.»[66] Doch auch Philo ist weit davon entfernt, solche Verzückung mit dem Begriff «Glaube» zu belegen, denn dieser behält für ihn bleibend den Sinn des alttestamentlichen «Vertrauens».[67]

Glaube als Vertrauen und Gewissheit

Forschungsgeschichte

Bezeichnet man Vertrauen als ein Wesensmerkmal oder gar als das Wesen des Glaubens bei Paulus, so spiegelt sich darin zwar eine zentrale Erkenntnis reformatorischer Theologie, nicht jedoch die Auffassung einiger bedeutender Paulusinterpreten. Auch die Einordnung des Vertrauens unter das Gefühl bedarf einer weiteren Erläuterung; man wird nicht ohne kritische Rückfrage dem Urteil Otto Pfleiderers zustimmen, dass Glaube primär Vertrauen sei und als solches «ein Affekt des Herzens, eine Gefühlsweise oder Gemütsstimmung».[68]

Fragt man nach der Kategorie des Vertrauens im Glaubensverständnis des Paulus, muss insbesondere auf die Erörterungen von Rudolf Bultmann und dem jüdischen Religionsphilosophen Martin Buber eingegangen werden, der sich ebenfalls in den 1950er Jahren zum paulinischen Glauben geäußert hat. So sehr sich die Voraussetzungen ihrer Zugänge zu den Texten des Apostels voneinander unterscheiden, so auffällig ist die Korrespondenz einiger ihrer Resultate.

---

65 *Max Pohlenz*, Der hellenische Mensch, S. 39.

66 *Philo*, Quis rerum divinarum heres sit 69. – Es muss hier nicht entschieden werden, ob die ekstatische Rhetorik bei Philo lediglich metaphorisch zu verstehen ist oder tatsächlich Teil der religiösen Erfahrung Philos war.

67 Vgl. die Auslegung zu Gen 15,6 einige Paragraphen später (*Philo*, Quis rerum divinarum heres sit 90).

68 *Otto Pfleiderer*, Das Urchristentum, seine Schriften und Lehren 1, S. 246.

Nach Bultmann erscheint das Moment des Vertrauens bei Paulus lediglich in denjenigen Passagen, die alttestamentliche Texte verarbeiten, v. a. in seiner Auslegung der Abrahamserzählung. Vertrauen meint hier «das Vertrauen auf Gottes Wunderkraft» (Röm 4,17–20) und auf «die Erfüllung der göttlichen Verheißung» (Röm 4,18). Ansonsten «tritt der Sinn von *pistis* als Vertrauen im allgemeinen zurück».[69] Christus ist zwar *qua* Tod und Auferstehung Grund und Inhalt des Glaubens, nicht aber personales Gegenüber. «[D]er urchristlichen Verkündigung ist zunächst der Gedanke des Glaubens als eines persönlichen Verhältnisses zur Person Jesu Christi fremd; kommt es alsbald zu einem solchen, so müssen dafür neue Motive wirksam gewesen sein.»[70] Noch schärfer lehnt Erwin Wissmann die Kategorie des Vertrauens im Glaubensverständnis des Paulus ab: «Nicht bedeutet *pistis* Vertrauen, weder auf Gott noch auf Christus noch auf dessen Tod und Auferstehung. Von all dem ist hier nicht die Rede.»[71] Den eben erwähnten Aussagen Bultmanns müssen jedoch andere beigestellt werden: Wenn er das Vertrauen als Randerscheinung in Paulus' Glaubensverständnis kennzeichnet, das sich lediglich im Glauben Abrahams manifestiere, dann steht das in Kontrast zu seiner andernorts geäußerten Feststellung, dass nämlich Abraham «Ur- und Vorbild der Glaubenden» sei.[72] Und wenn er beständig den Gehorsam als das Wesen des Glaubens bestimmt, das dem Vertrauen übergeordnet sei, dann gilt für ihn andererseits doch: «Gehorsam und Vertrauen sind im tiefsten eines.»[73]

Martin Buber stellt in seiner berühmten Abhandlung «Zwei Glaubensweisen» grundsätzlich fest: «Es stehen einander zwei, und letztlich nur zwei, Glaubensweisen gegenüber.»[74] Von den «schlichten Tatsachen unseres Lebens aus» lassen sich nach Buber die Unterschiede der beiden Glaubensweisen «anschaulich machen»: «die eine von der Tatsache, dass ich zu jemand Vertrauen habe, ohne mein Vertrauen zu ihm hinlänglich ‹begründen› zu können, die andere von der Tatsache aus, dass ich, ebenfalls ohne es zulänglich begründen zu können, einen Sachverhalt als wahr anerkenne». «Die erste der beiden Glaubensweisen hat ihr klassisches Beispiel an der Frühzeit des Glaubensvolkes Israel – einer Glaubensgemeinschaft, die als Volk, eines Volks, das als Glaubensgemeinschaft entstanden ist –, die zweite an der Frühzeit der Christenheit», die durch die Missionssituation gekennzeichnet ist und bei der gleichsam der Einzelne zur Anerkennung der Botschaft auf- und heraus-

69 *Rudolf Bultmann*, Art. πιστεύω κτλ., S. 207.
70 *Rudolf Bultmann*, Theologie des Neuen Testaments, S. 93.
71 *Erwin Wissmann*, Das Verhältnis von ΠΙΣΤΙΣ und Christusfrömmigkeit, S. 67.
72 *Rudolf Bultmann*, Ursprung und Sinn der Typologie, S. 377.
73 *Rudolf Bultmann*, Gnade und Freiheit, S. 155.
74 *Martin Buber*, Zwei Glaubensweisen, S. 653.

gefordert wird.[75] Beide Weisen des Glaubens beziehen zwar das ganze Sein des Menschen in den Glaubensvollzug mit ein,[76] doch das Wesen des Glaubens unterscheidet sich kategorial. Seinen «älteren Bruder Jesus» sieht Buber auf der Seite des hebräischen Vertrauensglaubens, Paulus dagegen auf der Seite des griechischen Anerkennungsglaubens. Folglich komme dessen Auslegung der zentralen Glaubensstelle Gen 15,6 in Römer 4 einer «Einengung» und «Verkargung» des alttestamentlichen Sinnes gleich.[77] Buber kennzeichnet also die frühchristliche Weiterentwicklung des alttestamentlichen Glaubensverständnisses als Verfall.

Exegese

Eine Erwiderung auf Bubers These muss sich zunächst mit dem Übersetzungsproblem beschäftigen, also mit der Frage, ob und inwieweit sich durch den Prozess des Übersetzens vom Hebräischen ins Griechische Bedeutungsverschiebungen ereignen können. Denn zwangsläufig tangiert «der Übersetzungsvorgang ins Griechische [...] auch die Bedeutungsgeschichte».[78] Durch die Übersetzungswörter und syntaktischen Konstruktionen der Übersetzungssprache werden neue Nuancen eingetragen bzw. in der Vorlage vorhandene Aspekte entfernt; zudem besteht eine Korrespondenz zwischen der «Sprache» und dem «Geist», insofern die Sprache das Denken zum Ausdruck bringt, dokumentiert, ordnet und bestimmt.[79]

Im Blick auf den von Buber ins Spiel gebrachten Abrahamglauben als ein Unterscheidungskriterium der beiden Glaubensweisen fallen zwei formale Aspekte auf: Während die Verbform der hebräischen Vorlage das Glauben Abrahams als eine beständig vertrauende Haltung gegenüber Gott kennzeichnet, die in den konkreten Lebenssituationen lebendig wird, impliziert die griechische Verbform einen einmaligen Glaubensakt Abrahams, mit dem er auf die Verheißung Gottes antwortete. Sodann übersetzt die Septuaginta die Wendung «an (in) Gott glauben» entsprechend der im griechischen Sprachraum üblichen Form als «Gott glauben».[80] Aus diesen formalen Phänomenen ergeben sich inhaltliche Konsequenzen: Im Hebräischen ist «glauben an (in)»

---

75   *Martin Buber*, Zwei Glaubensweisen, S. 655.

76   *Martin Buber*, Zwei Glaubensweisen, S. 653.

77   *Martin Buber*, Zwei Glaubensweisen, S. 683.

78   *Gerhard Ebeling*, Jesus und Glaube, S. 224.

79   *Wilhelm von Humboldt* behauptet sogar: Die Sprache ist «die äußere Erscheinung des Geistes der Völker; ihre Sprache ist ihr Geist und ihr Geist ist ihre Sprache, man kann sich beide nie identisch genug denken» (*ders.*, Über die Verschiedenheit des menschlichen Sprachbaues, S. 14).

80   Vgl. im Pentateuch Ex 4,1; 14,31; 19,9; Num 14,11; Deut 1,32; 9,23.

intransitiv, d. h. es meint nicht zuallererst «etwas oder jemanden für fest, sicher oder zuverlässig halten», sondern «Festigkeit haben oder gewinnen»[81] bzw. «Festigkeit durch Zuversicht und Vertrauen» zu erlangen.[82] Entscheidend ist die hebräische Präposition für «an (in)», denn sie bezeichnet ursprünglich die Ruhe an einem Ort. Der Ankerpunkt des Glaubens ist Gott, in ihn legt Abraham sein Vertrauen, in ihm macht er sich fest – als ganzer Mensch, «in der Gesamtheit seines äußeren Verhaltens und seines Innenlebens».[83] Wenn Abrahams Glaube nun nach der Septuaginta eine punktuelle Reaktion auf Gottes Verheißung meint, scheint das Pendel in der Tat in Richtung eines fürwahrhaltenden Anerkennens zu schwingen.

Jene formalen Aspekte sollten nun nicht überinterpretiert werden, denn schon durch die Abhängigkeit von der hebräischen Vorlage erhält der Glaubensbegriff des Paulus seinen materialen Gehalt. Zudem ist Paulus zutiefst in der Sprach- und Gedankenwelt und in den Überlieferungen der hebräischen Bibel verwurzelt, sodass es schlechterdings unvorstellbar ist, dass er unter der Hand den «hebräischen Vertrauensglauben» mit dem «griechischen Anerkennungsglauben» vertauschen würde – ob bewusst oder nicht. Nicht die Weise des Glaubens, sondern die Zeit des Glaubens ist das Unterscheidungskriterium: «Gerade Paulus betont: Es geht um nichts anderes als um den Glauben Abrahams. Denn die aus dem Glauben leben, sind Abrahams Söhne. Jedoch: die Zeit ist eine andere geworden. Die Abrahamsverheißung erfüllt sich jetzt als Völkerverheißung. In Jesus ist der Glaube so gekommen, dass er allen sagbar wird. Dass nun der Glaube zu den Heiden kommt, deformiert ihn nicht, im Gegenteil: lässt ihn vollkommen werden, das heißt, lässt ihn als das zur Erfüllung kommen, als was er verheißen war. Statt zweier Glaubens*weisen* handelt es sich um die Ansage zweier Glaubens*zeiten*: der vorläufigen Glaubenszeit und der endgültigen Glaubenszeit, *der* Zeit des Glaubens, die die Juden Juden und Heiden Heiden sein ließ, und *der* Zeit des Glaubens, die Juden und Heiden eins sein lässt in Christus Jesus.»[84]

Paulus hatte also nicht die Intention, die Gestalt und Weise des christlichen Glaubens von Abrahams Glauben abzutrennen oder neu zu konzipieren. Er geht selbstverständlich von der «Gleichartigkeit des Glaubens Abrahams und der christlichen Gemeinde» aus.[85] Seine Auslegung von Gen 15,6 ge-

81 *Hans Wildberger*, Glauben, S. 375.
82 *Adolf Schlatter*, Der Glaube im Neuen Testament, S. 557.
83 *Artur Weiser*, Art. πιστεύω κτλ., S. 188. Vgl. die oben (S. 23) schon zitierte einflussreiche Definition des Glaubens von *Gerhard von Rad*, Theologie des Alten Testaments 1, S. 185: «Glauben heißt im Hebräischen ‹sich fest machen in Jahwe›.»
84 *Gerhard Ebeling*, Zwei Glaubensweisen?, 243f.
85 *Otto Michel*, Der Brief an die Römer, S. 175.

schieht mit einem feinen Gespür für den ursprünglichen Sinnzusammenhang. Es ist der vertrauende Glaube an die Verheißung und damit an den, «der den Gottlosen gerecht macht» (Röm 4,5), an den, «der die Toten lebendig macht und was nicht ist, ins Dasein ruft» (Röm 4,17), aber eben auch an den, «der Jesus, unseren Herrn, von den Toten auferweckt hat» (Röm 4,24).

Diese letzte Gottesprädikation bringt nun die Diskontinuität des Glaubens ans Licht, die nicht im Glauben an sich begründet ist, sondern in Gottes Heilshandeln. Die neue Heilszeit, die durch das «Kommen des Glaubens» angebrochen ist, ragte zwar in die Geschichte des Patriarchen hinein, doch sein Glaube war proleptischer und antizipatorischer Natur. Der *sensus plenior* des Abrahamglaubens, seine Erfüllung ist für Paulus erst in Christus gegeben. «[D]er Glaube ist an seine Zeit ‹in Christus› gebunden, so dass Abraham nur ein *Vorläufer* des Glaubens war. Aber nachdem das Evangelium gekommen war, ist mit dem Evangelium für jedermann genau die Zeit zum Glauben gekommen.»[86] Für diese messianische Zeit gilt: «In Christus begegnet Gott selbst», aber auch: «Gott begegnet nur in Christus.»[87] Im Gekreuzigten wird nach Paulus das authentische Bild des lebendigen Gottes erblickt. Diese bemerkenswerte «binitarische» Gottesverehrung, die schon vor Paulus in den frühchristlichen Gemeinden anzutreffen ist, setzt voraus, dass das Vertrauen auf Gott und Christus unauflöslich miteinander verbunden sind.

Ist es also nicht die Glaubens*weise*, die den christlichen Glauben von Abrahams Glauben unterscheidet, sondern die Glaubens*zeit*, dann bleibt die Frage, worin sich die «wesenhafte Gleichheit»[88] der beiden Glaubensweisen dokumentiert. Zu denken ist dabei an die «Heimat» des Glaubens, die außerhalb des glaubenden Subjekts in der Geschichte Gottes liegt, an seine Unbedingtheit, die vor die Alternative «Sein oder Nichtsein» stellt, an seine Gewissheit, «die nicht enttäuschen kann» und schließlich an seinen Charakter als ganzheitlicher Lebensakt, der die Existenz bleibend auf ein personales Gegenüber ausrichtet. Ausgehend von der «Wesensgleichheit» des Glaubens Abrahams und des christlichen Glaubens muss zugleich die hier gewählte Einordnung des Vertrauens unter das Gefühl erläutert werden.

Glaube ist ein «sich verlassendes» Vertrauen. «Im Akt des Vertrauens aber verlassen wir [...] in ganz buchstäblichem Sinne uns selbst. Im Akt des Vertrauens vertrauen wir nämlich das künftige Wohlergehen unseres eigenen Daseins dem an, worauf wir unser Vertrauen setzen, in der mehr oder weniger begründeten Annahme und Erwartung, dass der Gegenstand unseres Vertrau-

---

86 *Ernst Fuchs*, Die Theologie des Neuen Testaments und der historische Jesus, S. 387.
87 *Rudolf Bultmann*, Art. πιστεύω κτλ., S. 218.
88 *Jürgen Roloff*, Abraham im Neuen Testament, S. 248.

ens bzw. die Person, der wir vertrauen, sich als verlässlich erweisen wird. [...] Solches uneingeschränktes Vertrauen ist religiöser Glaube.»[89] Abraham erlangte Festigkeit, Halt und Ruhe nicht in sich selbst, sondern «in Gott»; er vertraute der Verheißung, die ihm das künftige Handeln Gottes in der Geschichte offenbarte und ihm jenseits aller menschlicher Möglichkeiten und Wahrscheinlichkeiten Nachkommen zusagte. «Auf die Haltung des Menschen gesehen, ist Glauben mehr etwas Passives, ein Raumgeben dem Walten Gottes.»[90] Dieser Charakterzug des Abrahamglaubens ist auch ein Element des paulinischen Glaubensverständnisses, nur dass sich bei Paulus der Akzent verschoben hat, insofern für ihn das Heilshandeln Gottes in Christus seinen unüberbietbaren Ausdruck gefunden hat. Die Beschreibung des Glaubens als «Sich-Verlassen», als «ekstatisches» bzw. «ek-zentrisches» Phänomen[91] weckt sogleich «mystische» Assoziationen, erfährt jedoch eine weitreichende Neuinterpretation. Nicht wird infolge der überwältigenden Fülle des Göttlichen der Glaubende aus seinem gewöhnlichen Existenzzusammenhang herausgenommen und in Gestalt einer *unio mystica* zur Einheit mit dem Göttlichen geführt – vielmehr beruht der Glaube nach Paulus gerade darauf, «dass sich eine göttliche *Geschichte* ereignet hat, ereignet und weiter ereignen wird» und Glaube dann heißt, «meine Existenz in diesen Ereigniszusammenhang hic et nunc einzureihen»[92] – und gerade darin Gottes Treue und «Gottes Nähe unmittelbar [zu] erfahren»[93].

Glaube ist ein «unbedingtes» Vertrauen. So kann Vertrauen nur bezeichnet werden, «wenn es sich nicht bloß auf einzelne Elemente, bestimmte Hinsichten oder Erwartungen bezieht, sondern auf das, was ‹über Sein oder Nichtsein entscheidet›»[94]. Die Zusage Gottes, die Abraham trotz seines erstorbenen Leibes Nachkommen verheißt, gehört aufs Engste zusammen mit dem Evangelium von Tod und Auferstehung Jesu Christi. «Der Gott des Kreuzes ist ein Gott, der zum Leben ruft, was nicht ist; um mit Röm 4,17 zu sprechen: ‹der Gott, der die Toten lebendig macht und das, was nicht ist, ins Dasein ruft›.»[95] Die Spannung zwischen Sein und Nichtsein charakterisiert für Paulus den Anfang eines jeden Glaubensweges: Gott erwählt das, was nicht ist (1Kor 1,28) und ruft ins Sein das, was nicht ist (Röm 4,17). Der Glaube

---

89 *Wolfhart Pannenberg*, Systematische Theologie 3, S. 183.
90 *Gerhard von Rad*, Das Erste Buch Mose, S. 143. Von Rad verweist zudem auf Jes 7,4.9; 28,16; 30,15.
91 *Eberhard Jüngel*, Art. Glaube, Sp. 973f.; *ders.*, Gott als Geheimnis der Welt, S. 246.
92 *Oscar Cullmann*, Heil als Geschichte, S. VI.
93 So der Titel des von *Berndt Hamm* und *Volker Leppin* herausgegebenen Aufsatzbandes.
94 *Wilfried Härle*, Dogmatik, S. 59 (mit einem Zitat von *Paul Tillich*).
95 *Jean Zumstein*, Das Wort vom Kreuz als Mitte der paulinischen Theologie, S. 38.

und das glaubende Subjekt werden konstituiert durch Gottes erwählende Berufung. Gottes Ruf trifft in der Gestalt der Verheißung bzw. des Evangeliums das Herz des Menschen, das Zentrum seines Personseins – vor und jenseits der Tätigkeit der Vernunft, vor und jenseits der Anstrengung des Willens. «Das Affiziertwerden des Herzens durch die Predigt des Evangeliums liegt schlechterdings außerhalb aller menschlichen Handlungs- und Entscheidungsmöglichkeiten. Es wird von Menschen rein passiv erfahren bzw. erlitten.»[96] Die Glaubenden wissen sich vom Evangelium bestimmt, indem sie es als Gottes Wort erkennen, und sie lassen sich vom Evangelium bestimmen, indem sie ihr Handeln danach ausrichten.

Glaube ist ein «gewisses» Vertrauen. Nur wenn der Glaube bleibend um sein Gegründetsein außerhalb seiner selbst weiß, kann er jene Gewissheit erlangen, die «wider Hoffnung» dennoch glaubt. Das mit dem Begriff «Hoffnung» spielende Oxymoron in Röm 4,18 drückt die beiden Extreme des Spektrums von Abrahams Glauben aus: «Wider alle Hoffnung hat er auf Hoffnung hin geglaubt». Gottes Wort trifft Abraham inmitten seiner Verzweiflung über seine Kinderlosigkeit (vgl. Gen 15,2–3.5) – als Provokation jeglichen natürlichen Vermögens und zugleich als Grundlage für seine «übernatürliche» Hoffnung.[97] Selbst als die Aussichtslosigkeit immer größer wurde, und sein und Saras steigendes Alter ihren biologischen Tribut forderten (Gen 17,1.17; 18,12–13; Röm 4,19), hatte er «die feste Gewissheit: Er vermag, was er verheißen hat, auch zu tun» (Röm 4,21). Das Paradox der Hoffnung kennzeichnet also den gesamten Glaubensweg und erfordert aufseiten der Glaubenden Beständigkeit (*perseverantia*). Abrahams aussichtslose Lage führte nun nicht dazu, dass er die Augen verschloss und sich blindlings der Verheißung Gottes zuwandte, sondern er bewahrte Realitätssinn: «er sah hin ...» (Röm 4,19).[98] «Gerade in der Nüchternheit, die die menschlichen Fakten nicht übersieht, bewährt sich die Hoffnung, die gegen alle Hoffnung ist.»[99] Abraham nahm die Realität mit offenen Augen wahr, akzeptierte das Dilemma menschlicher Hoffnungslosigkeit und Hilflosigkeit und glaubte

---

96 *Wilfried Härle*, Der Glaube als Gottes- und/oder Menschenwerk, S. 76f.

97 So *Martin Luther*, Römerbriefvorlesung (1515/1516), WA 56, S. 295.

98 Die sicher ursprüngliche Lesart, dass Abraham von der Realität des Sterbens Notiz nahm, hat sich erst im 20. Jahrhundert in den Texteditionen, Übersetzungen und Kommentaren durchgesetzt. Die großen Kommentatoren der Alten Kirche, der Reformation und der Neuzeit waren mit einer anderen Variante vertraut, die möglicherweise auf eine sehr frühe theologische «Korrektur» eines Schreibers zurückgeht, der den Satz negierte: «er sah *nicht* hin.» Dazu *Michael Theobald*, «Abraham sah hin ...».

99 *Heinrich Schlier*, Der Römerbrief, S. 134.

wegen – nicht trotz[100] – seines Unvermögens an den, «der die Toten lebendig macht und was nicht ist, ins Dasein ruft» (Röm 4,17). Der gottlose Abraham (Röm 4,5) wie der hoffnungslose Abraham, der Abraham *ante fidem* und der Abraham *in fide* weiß sich in gänzlicher Abhängigkeit von Gott und seiner Verheißung. Und Gott ist es schließlich, der ihn «im Glauben» erstarken lässt (Röm 4,20).

Abrahams Glaube ist also nicht primär charakterisiert durch sein heroisches «Dennoch»[101], mit dem er den Anfechtungen seines Glaubens trotzt, sondern durch seine Gewissheit, dass für Gott nichts «unmöglich» (*a-dynatos*) ist (Gen 18,14) und sein Wort Wunder wirken kann, auch physischer Art (vgl. Hebr 11,11). Die «Dynamis» des Evangeliums (Röm 1,16) umgreift das menschliche «Dennoch». Daher, so Martin Luther in seiner Galaterbriefauslegung, sei «unsere Theologie von Gewissheit geprägt, weil sie uns aus uns selbst heraussetzt: ich muss mich nicht verlassen auf mein Gewissen, meine Empfindung, Werk, sondern auf die göttliche Verheißung, Wahrheit, die nicht enttäuschen kann.»[102]

Glaube ist schließlich ein personales, «herzliches» Vertrauen. Es stellt den Menschen in eine neue Wirklichkeit und ein neues Beziehungsgefüge: Das Verb des zitierten Satzes «Abraham glaubte» (Röm 4,3) versteht Paulus als ingressiven Aorist, der den Übertritt Abrahams aus dem Bereich des Unglaubens (vgl. Röm 3,3) und der Gottlosigkeit (Röm 4,5) in die Sphäre des Glaubens und zugleich den Beginn eines Vertrauensverhältnisses zum Urheber der Verheißung markiert. Auch der Glaube hinsichtlich des Christusereignisses, also an das, was Gott in Christus getan hat (Röm 10,14; Gal 2,16; Phil 1,29), an die Heilsaussagen und -zusagen (Röm 6,8), ist kein beziehungs- und affektloses Akzeptieren eines Tatbestandes (vgl. Jak 2,19), sondern ein «Grundakt menschlicher Existenz»[103], der sich im Modus des Vertrauens auf den «Herrn Jesus» ausrichtet (Phlm 5). Das Vertrauen ist ein «affektiver Grundakkord, der das Leben bestimmt und begleitet»[104] und der es seelisch-leiblich bestimmt. Er geht aber nicht in der eigenen Subjektivität auf, sondern hat intentionalen Charakter und ist auf ein (personales) Gegenüber bleibend angewiesen.

Vielfach wurde in der Exegese festgehalten, dass Paulus' Auslegung des

---

100 *Adolf Schlatter*, Gottes Gerechtigkeit, S. 170: «Nicht trotz seines Unvermögens, sondern wegen desselben glaubt er.»

101 So z. B. *Adolf Deißmann*, Paulus, S. 127f., aber auch (freilich in einem anderen Sinn) *Karl Barth*, Der Römerbrief, S. 80: «Glaube an Jesus ist das radikale Trotzdem.»

102 *Martin Luther*, Galaterbriefvorlesung (1531/1535), WA 40/1, S. 284.

103 *Eberhard Jüngel*, Art. Glaube, Sp. 973.

104 *Wilfried Härle*, Dogmatik, S. 68.

Abrahamvertrauens von einer beachtlichen hermeneutischen Sensibilität geprägt ist bzw. dass umgekehrt Gen 15,6 «der paulinischen Interpretation in einem hohen Maße entgegenkommt»[105]. Obwohl sich seine schriftgelehrte Methodik nicht grundlegend von der jüdischen Auslegung seiner Zeit unterscheidet, hebt sich die «von Grund auf neue Auslegung» des Paulus von anderen frühjüdischen Auslegungen ab. Denn sie geht «von der eschatologischen Bedeutung des Christusgeschehens und der hierdurch gegebenen Erfüllung der einst ergangenen Verheißung» aus und wird «auch erst von dort her voll verständlich».[106] In diesem hermeneutischen Rahmen ist auch sein viel diskutierter Ausdruck «Glaubensgesetz» zu verstehen, den er in Röm 3,27 «erfindet». Auf den zentralen Abschnitt Röm 3,21–26 folgt im lebendigen Frage-Antwort-Stil: «Wo bleibt da noch das Rühmen? Es ist ausgeschlossen. Durch was für ein Gesetz? Das der Werke? Nein, durch das Glaubensgesetz!» Gesetz meint in diesem Zusammenhang nicht in einer sprachspielerischen Variation das «Prinzip des Glaubens»[107], sondern wie sonst in diesem Abschnitt (Röm 3,27–31) das Gesetz, welches Werke fordert und zum Rühmen verleitet. Es geht Paulus um die Perspektive des Glaubens auf das Gesetz, das durch das Christusgeschehen radikal umgewertet und als Kriterium für die Gerechtsprechung durch Gott abgelöst wurde (Röm 3,28). Der dadurch vollzogene Paradigmenwechsel führt deshalb nicht zur Aufhebung des Gesetzes – «Im Gegenteil: Wir richten das Gesetz auf» (Röm 3,31). Und in der Glaubenserzählung aus dem Abrahamzyklus findet Paulus eben jene Textgrundlage, die für ihn das «Glaubensgesetz» in ausgezeichneter Weise repräsentiert.

Verstehenshorizont

In ungebrochener Kontinuität zu frühjüdischen Deutungen hält Paulus u. a. an zwei fundamentalen Bekenntnissen fest: an der Identität des *einen* Gottes, der Leben gibt und das Wort der Verheißung spricht und erfüllt, und an der Funktion Abrahams als Identitätsfigur und Vater des Gottesvolks. Zugleich stellt er das traditionelle Abrahambild auf revolutionäre Weise auf den Kopf: Er konzentriert seine gesamte Argumentation auf das vertrauende Glauben Abrahams und auf dessen Bestimmung zum «Vater der Glaubenden»; zugunsten dieser Interpretationslinie klammert er im Gegensatz zu einem breiten Traditionsfluss die Gesetzes- und Beschneidungsthematik sowie die Opferung Isaaks als Interpretament des Glaubens Abrahams aus. Gilt im Judentum das

---

105 *Ferdinand Hahn*, Gen 15,6 im Neuen Testament, S. 107.
106 *Ferdinand Hahn*, Gen 15,6 im Neuen Testament, S. 106. – Vgl. zum Folgenden ausführlich *Benjamin Schließer*, Abraham's Faith in Romans 4, S. 152–220.
107 So beispielsweise die Zürcher Bibel.

ganze Leben Abrahams als einziger Weg des Glaubens und Gehorsams, schreibt Paulus ihm kurzerhand «Gottlosigkeit» zu – ein «nicht nur für jüdische Ohren geradezu blasphemisch[er]» Vorgang![108] Gottes Gerechtsprechung ist also kein deskriptives Geschehen, das gerechtes Verhalten bestätigt und legitimiert, sondern ein kreativer Akt, der das, was gottlos, tot und nichtig ist, gerecht (Röm 4,5), lebendig und seiend (Röm 4,17) macht.

Schon innerbiblisch vollzieht sich eine höchst bemerkenswerte Relecture des Kernsatzes über Abrahams Glauben, wenn nämlich der Verfasser des Geschichtspsalms Psalm 106 (wohl nicht lange, nachdem der Text von Genesis 15 schriftlich fixiert war) dem national-religiösen Eifer des Pinhas denselben Ausgang zuschreibt wie Abrahams Glauben: «Doch Pinhas trat auf und hielt Gericht» – er tötete einen Israeliten, der eine Midianiterin zur Frau genommen hatte und wendete so Gottes Grimm von den Israeliten (vgl. Num 25,7–11) – und «das wurde ihm als Gerechtigkeit angerechnet» (Ps 106,30–31). Das Bußgebet aus Nehemia 9 verbindet durch das Stichwort *pistos* («treu») die Erzählung von der Opferung Isaaks, die Abrahams Treue erwies, mit Abrahams Glauben (*pistis*, Gen 15,6): «Und du hast sein Herz treu gefunden vor dir und hast mit ihm den Bund geschlossen» (Neh 9,8).

Darin ist schon vorbereitet, was im «Lob der Väter» aus dem apokryphen Sirachbuch nun vollends explizit wird: Abrahams Glaube (*pistis*) wird im Sinne seines Treu-Seins (*pistos*) begriffen und unmissverständlich auf seine Versuchung und seinen Gesetzesgehorsam bezogen: «Er hielt das Gesetz des Höchsten, und Gott schloss mit ihm einen Bund und bestätigte diesen Bund an seinem Fleisch; und er wurde für treu befunden, als er versucht wurde» (Sirach 44,21). Der Autor des ersten Makkabäerbuchs schließlich verschmolz die beiden Texte der Abrahamsüberlieferung und befindet: «Abraham wurde in der Versuchung treu befunden, und es wurde ihm zur Gerechtigkeit angerechnet» (1Makk 2,52). Aus dem Kontext ist ersichtlich, dass er dabei – über den Psalmbeter hinausgehend – den Glauben Abrahams mit der Bereitschaft zum Martyrium und dem Zelotismus eines Kriegshelden gleichstellt.

Diese Auswahl an Texten belegt eine durchgängige Interpretationslinie im frühen Judentum, die in Abraham den wahren Frommen und vollkommenen Gerechten sieht und sein Gottesverhältnis zum Paradigma rechten Lebens erhebt. Der berühmt gewordene Text 4QMMT aus der Bibliothek Qumrans, der seinen Namen der einzigen zeitgenössischen Parallele zum paulinischen Ausdruck «Gesetzeswerke» verdankt[109] und der möglicherweise in die An-

---

108 *Günther Bornkamm*, Paulus, S. 152.

109 «MMT» steht für den hebräischen Ausdruck *Miqzat Ma'ase ha-Tora* («einige Werke der Tora»).

fangszeit der Qumrangemeinschaft zu datieren ist, legt ein beredtes Zeugnis darüber ab. Dort wird in Aufnahme von Gen 15,6 festgestellt: «Und es wird dir zur Gerechtigkeit angerechnet werden, weil du das getan hast, was recht und gut vor ihm [*sc.* Gott] ist» (4QMMT C 31).

Auf dieser Linie liegt auch der Autor des Jakobusbriefs: «Wurde Abraham, unser Vater, nicht aus Werken gerecht, da er seinen Sohn Isaak auf den Altar legte? Du siehst: Der Glaube wirkte mit seinen Werken zusammen, und aus den Werken wurde der Glaube vollkommen. So hat die Schrift sich erfüllt, die sagt: ‹Abraham glaubte Gott, und das wurde ihm als Gerechtigkeit angerechnet› [Gen 15,6], und er wurde ‹Freund Gottes› genannt. Ihr seht also, dass der Mensch aus Werken gerecht wird, nicht aus Glauben allein» (Jak 2,21–24). Nicht der Glaube «allein»[110] liegt also Abrahams Rechtfertigung zugrunde, sondern es bedarf zu seiner Vervollkommnung der Werke. Schon Luther konzedierte einen unauflösbaren sachlichen Widerspruch zwischen den beiden Aposteln: Jakobus sei «stracks wider Paulus».[111] Tatsächlich hat Jakobus nicht etwa lediglich einen Pseudo-Paulinismus angegriffen, der das Anliegen des Paulus missverstand; vielmehr hat er sich wohl gründlich mit Paulus auseinandergesetzt und dessen radikalen Ansatz der Glaubensgerechtigkeit abgelehnt.[112] Als «vorkanonischer» Leser konnte er gegen den Heidenapostel freilich noch in einer recht unbefangenen Weise Einspruch erheben. Dessen Axiom von der Rechtfertigung des Gottlosen «allein» aus Glauben und «ohne» Werke stellt er im Anschluss an die frühjüdische Abrahamrezeption die Rechtfertigung aufgrund des vom Glauben getragenen Handelns entgegen.

Im Vergleich mit der Rezeptionsgeschichte von Gen 15,6 hebt sich also die an den Abrahamserzählungen gewonnene paulinische Auffassung des Glaubens markant ab. Andererseits gehört selbstverständlich das Phänomen religiösen Vertrauens schon im Alten Testament zum Wesen der Gottesbeziehung Israels.[113] Dabei kann der Fokus auf das Wort Gottes gerichtet sein, das dem Menschen in Gestalt von Gebot und Verheißung begegnet, das Gottesverhältnis konstituiert und das menschliche Verhalten orientiert (vgl. Ps 106,12;

---

110 Das «allein», das bei Paulus bereits vorausgesetzt ist (vgl. Röm 3,28; s. o. S. 13–15), taucht hier explizit auf.

111 *Martin Luther*, Vorrede zum Jakobusbrief (1522), WA.DB 7, S. 384.

112 *Friedrich Avemarie*, Die Werke des Gesetzes im Spiegel des Jakobusbriefs, S. 303. Trifft zu, dass Jakobus sich direkt gegen die Lehre des Paulus wendet, stellt dies eine Kernthese der «New Perspective on Paul» infrage: Die Werke, die Jakobus einfordert, betreffen den tätigen Gehorsam als Teil des christlichen Ethos. Paulus' Rede von den Gesetzeswerken (Röm 3,20.28; Gal 2,16; 3,2.5.10; Phil 3,9) kann nicht beschränkt werden auf jüdische Identitätssymbole («identity markers»: Beschneidung, Speisegebote, Sabbat), sondern schließt den tätigen Gesetzesgehorsam ein.

113 Zum Profangebrauch vgl. 1Sam 27,12; Mi 7,5; Hi 4,18.

119,16). Da im «Wortgeschehen» «das Wesen personaler Begegnung»[114] liegt, umgreift nach alttestamentlichem Verständnis der Glaube aber auch das Ganze der Gottesbeziehung. «Was Gott sagt, ist eben das, wofür Gott eintritt, so dass das im Worte Gottes Ausgesagte zu glauben – selbst wenn es ein Sachverhalt wäre! – nicht heißt, ‹etwas› zu glauben, sondern *eo ipso*: Gott zu glauben.»[115] So hat das religiös verstandene «Glauben» des Alten Testaments als Vertrauen stets personalen Charakter. In diesem Sinn hat es das neutestamentliche und gerade auch das paulinische geprägt. Neben der zentralen Stelle zum Glauben Abrahams Gen 15,6 ist an weitere Verse zu denken, die Paulus auf schöpferische und eigenständige Weise in seine Theologie integriert und an entscheidenden Wegmarken seiner Argumentation heranzieht: Röm 9,33 und 10,11: «Wer auf ihn vertraut, wird nicht bloßgestellt werden» (Jes 28,16); Röm 10,16: «Herr, wer hat unserer Verkündigung geglaubt?» (Jes 53,1); Röm 1,17 und Gal 3,11: «Der aus Glauben Gerechte aber wird leben» (Hab 2,4).

Als Grunddimension des Gottesverhältnisses spielt das «Vertrauen» auch im frühjüdischen Schrifttum eine tragende Rolle: Es ist verstanden als eine ganzheitliche, verhaltensbestimmende Hinwendung zum einen Gott (Judit 14,10), die mit einer Abwendung von Sünden und Schlechtigkeit einhergeht (Sapientia 12,2). Vertrauen auf Gott ist verbunden mit Hoffen: «Vertraue ihm und er wird sich deiner annehmen; geh deine Wege gerade und hoffe auf ihn» (Sirach 2,6; vgl. 1Makk 2,59–61), und gleichermaßen mit Gewissheit: «Auf dich vertrauen wir. Denn siehe, dein Gesetz – es ist bei uns. Wir wissen [auch], dass wir nicht fallen, solange wir an deines Bundes Vorschriften uns halten» (syrischer Baruch 48,22). Die Parallelstellung der Aussagen «wer dem Gesetz treu ist» und «wer dem Herrn vertraut» (Sirach 32,24) erinnert allerdings daran, wie sehr die Verbindung von Gesetzestreue und Gottesvertrauen in diesen Texten einen festen Zusammenhang bedeutete.[116]

Auch Philo hält an der Grundbedeutung «Vertrauen» fest, doch ist sein Glaubensverständnis philosophisch stark überformt. Philo versteht *pistis* als die vollkommene Verfassung der Seele[117] und «als Ziel der auf Gott gerichteten Lebensbewegung»[118]. Glaube ist ein «großes und olympisches Werk der Einsicht» und wird nur dem ernstlich Lernenden zuteil, der sich vom Vergänglichen ab- und dem Ewigen zuwendet. Aufgrund dieser Bewegung des Glaubensvorgangs ist die *pistis* die vollkommenste, ja die Königin der Tu-

---

114 *Gerhard Ebeling*, Jesus und Glaube, S. 212.
115 *Gerhard Ebeling*, Jesus und Glaube, S. 214.
116 Vgl. *Dieter Lührmann*, Glaube im frühen Christentum, S. 41.
117 Vgl. *Rudolf Bultmann*, Theologie des Neuen Testaments, S. 317.
118 *Adolf Schlatter*, Der Glaube im Neuen Testament, S. 67.

genden.[119] Sie richtet sich einzig auf den, der allein fest und beständig ist. Abraham verkörpert auch in Philos Sicht das Ideal des Glaubens: «Es mag sein, dass er gelehrt wurde zu sehen, wie unbeständig und vergänglich das Erschaffene war, aufgrund seines Wissens um die unwandelbare Festigkeit des Seienden [Gottes]. Denn darauf hat er sein Vertrauen gegründet.»[120]

Während die platonische Philosophie den Glauben auf den Bereich der sinnlichen Wahrnehmung eingrenzt und ihn als eine niedere Form der Erkenntnis einstuft, lässt sich zeigen, dass er schon in der klassischen Gräzität ein maßgeblicher und positiv konnotierter Terminus für ein (durchaus affektiv aufgefasstes) Vertrauensverhältnis wurde. In den meisten Belegen bezieht sich das Vertrauen auf Menschen und Menschenworte, doch kennen zahlreiche Schriftsteller auch einen (davon abgeleiteten) religiösen Gebrauch. Das persönliche Verhältnis zum Göttlichen «spielte eine nicht zu unterschätzende Rolle im geschichtlichen Selbstverständnis und in der alltäglichen Frömmigkeit».[121] Diese Traditionslinie des pagan-griechischen Schrifttums verläuft unabhängig von jüdischem oder christlichem Einfluss. Auffällig ist die Analogie zwischen alttestamentlichem und griechischem Sprachgebrauch, nach der «eine religiöse Bedeutung sich hier wie dort erst ergibt, indem ein bestimmtes Verhältnis zwischen Menschen auf das Verhältnis zur Gottheit übertragen wird».[122]

Im sechsten Jahrhundert v. Chr. schon ist beim Tragiker Aischylos der Gedanke belegt, den Götterorakeln Vertrauen zu schenken[123]; zu denken ist auch an das Nebeneinander von religiösem und paganem Gebrauch an einer Stelle in Sophokles' «Philoktetes»: «Was du sagst, mag wahr sein; dennoch will ich, dass du den Göttern und meinen Worten vertraust.»[124] Dem Historiker Thukydides (ca. 454–399 v. Chr.) zufolge rief in der Schlacht von Delion (424 v. Chr.) zwischen Böotien (Theben) und Athen der berühmte Feldherr Pagondas von Theben seinen Truppen zu: «Indem wir nun Gott vertrauen, dass er auf unserer Seite sein werde [...], lasst uns gegen sie in den Kampf ziehen!»[125] Als letzter Beleg der griechischen Klassik sei aus den einleitenden Abschnitten der «Memorabilia» des aus Athen stammenden Sokratesschülers Xenophon (ca. 426–355 v. Chr.) zitiert. In diesen Erinnerungen setzt er sich aus-

119 *Philo*, De virtutibus 218; De praemiis et poenis 27; Quis rerum divinarum heres sit 91; De Abrahamo 270.
120 *Philo*, Quod Deus sit immutabilis 4.
121 *Gerd Schunack*, Glaube in griechischer Religiosität, S. 312.
122 *Gerd Schunack*, Glaube in griechischer Religiosität, S. 298.
123 *Aischylos*, Die Perser 1,800.
124 *Sophokles*, Philoktetes 1373–1375.
125 *Thukydides*, Historia 4,92,7.

führlich mit dem Asebieprozess gegen seinen Lehrmeister auseinander, dem ja bekanntlich vorgeworfen wurde, dass er die Götter der Polis nicht anerkenne, sondern neue Gottheiten einführe und damit die Jugend verderbe. Xenophon weist nach, dass Sokrates bei gewissen Fragen den Orakelspruch vernommen habe und den Göttern die Verfügungsgewalt über Zukünftiges zuerkannt, ihnen also vertraut habe. Und in seiner Schlussfolgerung führt er den Anklagepunkt *ad absurdum*: «Wie kann er, da er doch den Göttern vertraute, die Existenz der Götter nicht glauben?»[126]

Bei Paulus' Zeitgenossen Plutarch schließlich meint *pistis* «das personale, lebensgeschichtliche, auch affektiv bestimmte Verhältnis zu Göttern»[127], dessen Grundlage die unverrückbaren väterlichen Überlieferungen sind und das fast allen Menschen von Geburt an eingepflanzt ist.[128] Seine existentielle Relevanz hat der althergebrachte Glaube darin, dass er sich an die durch Liebe gekennzeichnete Fürsorge der Götter für die Menschen in ihrer alltäglichen Lebensbewältigung hält.[129] In seiner Biographie Alexanders des Großen schreibt er, «dass bei seiner Heerfahrt zum Orakel des Ammon die Hilfe, die ihm in der Not von den Göttern zuteil wurde, mehr Glauben fand als die ihm später gegebenen Orakelsprüche.»[130] Diese und andere Stellen belegen, dass *pistis* für Plutarch durchaus bereits zu einem «Kennwort religiösen Selbstverständnisses» wurde.[131]

Der Glaube an die (Existenz der) Götter bleibt nicht auf ein intellektuelles Fürwahrhalten beschränkt, sondern hat unmittelbare Auswirkungen auf die Lebenspraxis derer, die vertrauen. Daher kann man damit rechnen, dass die zentrale Stellung, die das Vertrauen in Paulus' Glaubensverständnis einnimmt, auch für heidenchristliche Hörerinnen und Hörer zumindest nachvollziehbar war. Doch liegt zwischen dem v. a. in hellenistischer Zeit aufkeimenden und sich steigernden (paganen) Gebrauch der Glaubensterminologie und dem paulinischen Sprachgebrauch ein «qualitativer Sprung». Glaube ist nicht wie bei Plutarch *ein* «Kennwort religiösen Selbstverständnisses», sondern *das* «beherrschende Kennzeichen», welches nun – auch dem Judentum gegenüber – das von der urchristlichen Gemeinde propagierte Gottes- bzw. Christusverhältnis exklusiv charakterisiert. «Eine *solche* Rede vom Glauben hat im klas-

126 *Xenophon*, Memorabilia 1,1,1–5.
127 *Gerd Schunack*, Glaube in griechischer Religiosität, S. 317.
128 *Plutarch*, De Iside et Osiride (Moralia 359F, 360A).
129 Vgl. *Gerd Schunack*, Glaube in griechischer Religiosität, S. 320 mit Belegen.
130 *Plutarch*, Alexander 27.
131 *Gerd Schunack*, Glaube in griechischer Religiosität, S. 322.

sischen Griechentum und auch im zeitgenössischen Hellenismus schlechterdings keine Analogien.»[132]

Der religionsgeschichtliche Vergleich macht deutlich, dass das Proprium des paulinischen Glaubens (als «Abrahamvertrauen») ein doppeltes ist: Zum einen nimmt der Glaube bei Paulus den Rang einer soteriologischen und soziologischen *particula exclusiva* ein: Glaube ist exklusiver Modus der Heilsteilhabe und Identitätsmerkmal der frühchristlichen Gemeinden. Darin schwingt zum anderen ein «universalisierender» Ton mit, und zwar in «existentialer» und eschatologischer Hinsicht: Glaube ist nicht nur ein situationsabhängiges Moment oder eine zufällige Gestalt der Gottesbeziehung, sondern als das neu konstituierte «Sein in Christus» mit einem neuen Wirklichkeitsverständnis verbunden. Und aus dem eschatologischen Horizont der Theologie des Paulus folgt, dass all diejenigen, die «aus dem Glauben sind», ob beschnitten oder unbeschnitten, zu Abrahams Kindern gezählt werden und mit dem glaubenden Abraham gesegnet sind (Gal 3,7.9). So versteht sich die Gemeinschaft der Glaubenden «als das endzeitliche Gottesvolk, als erwählte und geheiligte Schar der Endzeit».[133]

Das diese Gemeinschaft auszeichnende Vertrauen, das als sich verlassendes, unbedingtes, gewisses und personales Vertrauen charakterisiert wurde, hat seinen Ort im «Gefühl», insofern im Gefühl «der Mensch ursprünglich auf das Ganze seines Lebens und seiner Welt bezogen» ist.[134] Solches Vertrauen ist ein gefühlsbestimmtes Innesein bzw. eine gefühlsmäßige Bejahung, «dass in der Geschichte Jesu die Vollendung der Welt und unseres eigenen Lebens schon angebrochen und unserem Glauben gegenwärtig ist».[135] Weder die Vernunft bzw. die *ratio* noch der Wille bzw. das *liberum arbitrium* sind der Ort, in dem diese Bejahung am tiefsten verankert ist; sie liegt vielmehr begründet «in einem Affiziertsein, einem Ergriffen- und Bewegtsein des Menschen im Innersten seines Seins.»[136] Das haben Luther und Schleiermacher in «überraschende[r] Entsprechung»[137] und theologisch durchaus im Sinne des Paulus herausgestellt. Es versteht sich von selbst, dass so verstandener Glaube sich nicht damit abfinden kann, «als unverbindliches Fühlen in einen abgelegenen Winkel gestellt zu werden». Vielmehr «fordert [er] den ganzen Menschen».[138]

---

132 *Egon Brandenburger*, Pistis und Soteria, S. 169.
133 *Udo Schnelle*, Paulus, S. 648.
134 *Wolfhart Pannenberg*, Systematische Theologie 3, S. 192.
135 *Wolfhart Pannenberg*, Systematische Theologie 3, S. 195.
136 *Gerhard Ebeling*, Luther und Schleiermacher, S. 417.
137 *Gerhard Ebeling*, Luther und Schleiermacher, S. 417.
138 *Paul Tillich*, Wesen und Wandel des Glaubens, S. 138.

Schlussreflexion

Hans Weder legt im eingangs referierten Synodalvortrag den Akzent auf die «Entdeckung des Glaubens»: Er wurde «[e]ntdeckt, nicht etwa erfunden. Mancher Bodenschatz liegt ungenutzt in der Erde und tritt nur da und dort an die Oberfläche. Gleich einem solchen Schatz wurde der Glaube im Neuen Testament entdeckt. Entdeckt wurde etwas, was seit Urzeiten zum Menschsein gehört.»[1] Die hinter dieser Aussage stehende These, dass der Glaube gewissermaßen ein Charakteristikum oder ein Existential des Menschseins sei, das vom Neuen Testament «entdeckt» worden sei, kann angesichts der vorstehenden Ausführungen präzisiert werden.

Die paulinische Rede vom Glauben ist weder im Sinne einer (wenn auch verborgenen) Kontinuität mit Vorangegangenem noch im Sinne eines radikalen Neuanfangs oder Bruchs zu interpretieren. Glaube ist einerseits ein «Schatz», der nach der paulinischen Lesart des Alten Testaments in der Lebensgeschichte des Abraham «an die Oberfläche» trat und geschichtliche Gestalt annahm; und diese proleptische, punktuelle Erscheinung des Glaubens (vor der Zeit des Gesetzes) legt Paulus typologisch auf den christlichen Glauben (nach der Zeit des Gesetzes) hin aus. Das heißt nun andererseits, dass er mit seiner Rede vom Glauben nicht lediglich an das anschließt, was ihm seine eigene Tradition und das kulturelle und geistige Milieu seiner Zeit vorgeben, oder dass er gar ein Verständnis des Glaubens zugrunde legt, wie es «seit Urzeiten zum Menschsein gehört» – vielmehr denkt er den Glauben unter dem Aspekt der Heilsgeschichte: Glaube ist die Signatur der messianischen «Jetztzeit», eine göttliche Offenbarungsweise, die einen Neueinsatz im Heilshandeln Gottes und damit einen «qualitativen Sprung» markiert. Will man diesen theologischen, also unter dem Gesichtspunkt des Glaubens formulierten Gedanken des Paulus innerhalb eines geschichtswissenschaftlichen Vorstellungsrahmens adäquat zum Ausdruck bringen, kann auf das Denkmodell der Emergenz verwiesen werden. Dieses Modell kommt seit einigen Jahrzehnten in den Natur- und Humanwissenschaften zur Anwendung und zeigt, «dass grundsätzlich Veränderungen in komplexen Systemen […] in spontanen, ereignishaften und ‹chaotischen› Sprüngen geschehen. Die Neukonfigurationen eines Systems sind dann […] weder planbar noch vorhersehbar noch nachträglich herleitbar.» Um die Zeitenwende hat sich auf diese Art und Weise die «Entdeckung» des Glaubens ereignet; der Glaube wurde «ebenso wenig ableitbar wie prognostizierbar» zum prägenden

---

[1] *Hans Weder*, Entdeckung des Glaubens, S. 138.

Phänomen des christlichen Diskurses und der christlichen Existenz. «Emergenz in diesem komplexen Sinne ist also nicht [...] ein nilpferdhaftes Kontinuum des Auftauchens und Sich-Entfaltens, sondern eine überraschende, sprunghafte Zäsur des In-Erscheinung-Tretens.» Zugleich setzt aber das Neue «auf dem Vorausgehenden auf und ist von ihm konstitutiv abhängig. Man kann sich das Neue also gar nicht ohne das Bisherige vorstellen», und dennoch ist es nicht reduzierbar auf Vorhandenes und Vorfindliches, sondern hat ein «eklatantes ‹Mehr›, das durch Sprünge und Brüche entsteht.»[2] So haben die religionsgeschichtlichen Abschnitte der Studie einerseits gezeigt, dass sich die Teilaspekte des paulinischen Glaubensbegriff fast durchweg in den «Verstehenshorizont» seiner Adressaten einzeichnen ließen, auf Vorausgehendem aufbauen und in ihm gründen, dass sich anderseits aber eine nicht ableitbare «Neukonfiguration» des theologischen Systems ereignen musste, in dem sich der Glaube zum Zentralbegriff des menschlichen Gottesverhältnisses und zum Alleinstellungsmerkmal einer Gemeinschaft entwickelt hat; hier ist Paulus Repräsentant eines Bruchs.

Die Frage nach der «Entdeckung des Glaubens» stellt sich aber nicht nur im Blick auf die Welt- bzw. Heilsgeschichte, sondern auch im Blick auf die Individualgeschichte. Kennzeichnet das Kommen des Glaubens für Paulus einen Schnitt im göttlichen Heilshandeln mit einer daraus folgenden Unterscheidung des «Neuen» vom «Alten», differenziert er analog zwischen dem Menschen «vor der Offenbarung der *pistis*» und dem Menschen «unter der *pistis*». «Es versteht sich dabei [...], dass der Mensch vor der Offenbarung der *pistis* von Paulus so gezeichnet wird, wie er vom Glauben her sichtbar geworden ist.»[3] Die reformatorische Theologie hat im Anschluss an Paulus den Rechtfertigungsglauben daher gar «als existentielle Konstitution des neuen Menschen bestimmt: Der Glaube schafft eschatologisch Neues, nicht nur moralisch Besseres. Er ist fides creatrix der Person, die glaubt», und eben nicht lediglich eine «experientielle, kognitive, fiduziale oder emotionale Qualifikation» des alten Menschen.[4] Diese theologische Einsicht in die «Neuschöpfung» des Menschen im Glauben ließ sich bei Paulus für alle Dimensionen des Glaubens durchbuchstabieren, insofern die Offenbarung des Glaubens «je für mich» auch den Ort des Glaubens – Vernunft, Wille und Gefühl – neu konstituiert. Übersetzt man diese Gedankengänge hinsichtlich des indivi-

---

2   Die Zitate sind *Berndt Hamm*, Die Emergenz der Reformation, S. 16–18, entnommen, der dieses Modell auf das geschichtliche Phänomen der Reformation anwendet. Vgl. *Ulrich H. J. Körtner*, Reformatorische Theologie, S. 15f.

3   *Rudolf Bultmann*, Theologie des Neuen Testaments, S. 192.

4   *Ingolf U. Dalferth*, Über Einheit und Vielfalt des christlichen Glaubens, S. 108, mit Verweis auf *Martin Luther*, Römerbriefvorlesung (1515/1516), WA 56, S. 234.

duellen Lebens und der subjektiven Glaubenskonstitution in die Diktion der Humanwissenschaften, hat das Modell der Emergenz auch da hohe Plausibilität. Denn auch in einer individuellen Lebensgeschichte ist zu beobachten, dass «überraschende Wendungen und blitzartige Einsichten durch länger andauernde Klärungsprozesse vorbereitet sind und dann zu allmählichen Weiterentwicklungen führen» und dass sich auch «existentielle Brüche in einen Lebensbogen erfahrener Identität einfügen».[5] Der christliche Glaube verdankt sich auch nach Paulus stets einer Anknüpfung an Vorhandenes und Vorfindliches. Und doch impliziert er ein «eklatantes ‹Mehr›», eine Neukonfiguration der im Innern des Menschen wirkenden Kräfte, die durchaus als «Bruch» bzw. «Widerspruch» erfahren werden kann[6] und eine reale Veränderung des menschlichen Seins zur Folge hat. «Ein solcher Glaube beansprucht Wahrheit für sich und fordert Hingabe an das, was unbedingt angeht. [...] Wenn der ganze Mensch ergriffen ist, sind alle seine Kräfte ergriffen.»[7]

5   *Berndt Hamm*, Die Emergenz der Reformation, S. 26.
6   Vgl. *Rudolf Bultmann*, Anknüpfung und Widerspruch, S. 120.
7   *Paul Tillich*, Wesen und Wandel des Glaubens, S. 138.

Literaturverzeichnis

Avemarie, Friedrich: Die Werke des Gesetzes im Spiegel des Jakobusbriefs. A Very Old Perspective on Paul, ZThK 98 (2001) S. 282–309.

Avemarie, Friedrich: Tora und Leben. Untersuchungen zur Heilsbedeutung der Tora in der frühen rabbinischen Literatur (TSAJ 55), Tübingen 1996.

Barr, James: The Semantics of Biblical Language, London 1961.

Barth, Gerhard: Art. πίστις/πιστεύω, EWNT 3, Stuttgart 1983, Sp. 216–231.

Barth, Gerhard: Pistis in hellenistischer Religiosität, ZNW 73 (1982) S. 110–126.

Barth, Karl: Der Römerbrief ([2]1922) Zürich [18]2011.

Barth, Karl: Die kirchliche Dogmatik (KD), Bd. 1–4, Zürich 1932–1968.

Barth, Karl: Nachwort, in: Schleiermacher-Auswahl (besorgt von Heinz Bolli), München und Hamburg 1968, S. 290–312.

Barth, Karl: Nein! Antwort an Emil Brunner (ThExh 14), München 1934.

Bayer, Oswald: Autorität und Kritik. Zur Hermeneutik und Wissenschaftstheorie, Tübingen 1991.

Bayer, Oswald: Leibliches Wort. Reformation und Neuzeit im Konflikt, Tübingen 1992.

Bayer, Oswald: Martin Luthers Theologie. Eine Vergegenwärtigung, Tübingen (2003) [3]2007.

Becker, Carl: Art. Fides, RAC 7, Stuttgart 1969, Sp. 801–839.

Becker, Jürgen: Paulus. Der Apostel der Völker, Tübingen (1989) [3]1998.

Benedikt XVI.: Glaube und Vernunft. Die Regensburger Vorlesung, Freiburg 2006.

Billerbeck, Paul: Kommentar zum Neuen Testament aus Talmud und Midrasch, Bd. 4/1, München 1928.

Binder, Hermann: Der Glaube bei Paulus, Berlin 1968.

Blaschke, Andreas: Beschneidung. Zeugnisse der Bibel und verwandter Texte (TANZ 28), Tübingen und Basel 1998.

Bohren, Rudolf: Predigtlehre, München (1971) [7]1993.

Bornkamm, Günther: Paulus, Stuttgart 1969.

Brandenburger, Egon: Pistis und Soteria. Zum Verstehenshorizont von «Glaube» im Urchristentum, ZThK 85 (1988), S. 165–198.

Brunner, Emil: Die Mystik und das Wort. Der Gegensatz zwischen moderner Religionsauffassung und christlichem Glauben dargestellt an der Theologie Schleiermachers, Tübingen (1924) [2]1928.

Buber, Martin: Gottesfinsternis. Betrachtungen zur Beziehung zwischen Religion und Philosophie (1953), in: ders., Werke, Bd. 1: Schriften zur Philosophie, München 1962, S. 503–603.

Buber, Martin: Zwei Glaubensweisen (1950), in: ders., Werke, Bd. 1, S. 651–782.

Bultmann, Rudolf: Anknüpfung und Widerspruch (1946), in: ders., Glauben und Verstehen, Bd. 2, Tübingen [6]1993, S. 117–132.

Bultmann, Rudolf: Biblische Theologie (1916), in: ders., Theologie als Kritik. Ausgewählte Rezensionen und Forschungsberichte (hg. von Klaus W. Müller), Tübingen 2002, S. 81–90.

Bultmann, Rudolf: Das Christentum als orientalische und als abendländische Religion (1949), in: ders., Glauben und Verstehen, Bd. 2, Tübingen [6]1993, S. 187–210.

Bultmann, Rudolf: Das Problem der Ethik bei Paulus (1924), in: ders., Exegetica. Aufsätze zur Erforschung des Neuen Testaments (hg. von Erich Dinkler), Tübingen 1967, S. 36–54.

Bultmann, Rudolf: Erziehung und christlicher Glaube (1959), ders., Glauben und Verstehen, Bd. 4, Tübingen 1965, S. 52–55.

Bultmann, Rudolf: Geschichte und Eschatologie, Tübingen (1958) [2]1964.

Bultmann, Rudolf: Geschichte und Eschatologie im Neuen Testament (1954), in: ders., Glauben und Verstehen, Bd. 3, Tübingen [4]1993, S. 91–106.

Bultmann, Rudolf: Gnade und Freiheit (1948), in: ders., Glauben und Verstehen, Bd. 2, Tübingen [6]1993, S. 149–161.

Bultmann, Rudolf: Karl Barths «Römerbrief» in zweiter Auflage (1922), in: Jürgen Moltmann (Hg.), Anfänge der dialektischen Theologie, Bd. 1: Karl Barth (ThB 17,1), München, S. 119–142.

Bultmann, Rudolf: Art. πιστεύω κτλ. A, C, D, ThWNT 6, Stuttgart 1959, S. 174–182, 197–230.

Bultmann, Rudolf: Theologie des Neuen Testaments (durchgesehen und ergänzt von Otto Merk), Tübingen (1948–1953) [9]1984.

Bultmann, Rudolf: Ursprung und Sinn der Typologie als hermeneutischer Methode (1950), in: ders., Exegetica, S. 369–380.

Calvin, Johannes: Unterricht in der christlichen Religion – Institutio Christianae Religionis (1559) (übersetzt und bearbeitet von Otto Weber, bearbeitet und neu hg. von Matthias Freudenberg), Neukirchen-Vluyn 2008.

Conzelmann, Hans: Der erste Brief an die Korinther (KEK 5), Göttingen (1969) [2]1981.

Conzelmann, Hans: Grundriss der Theologie des Neuen Testamentes, München 1967.

Cullmann, Oscar: Heil als Geschichte. Heilsgeschichtliche Existenz im Neuen Testament, Tübingen 1965.

Dalferth, Ingolf U.: Über Einheit und Vielfalt des christlichen Glaubens. Eine Problemskizze, in: Wilfried Härle und Reiner Preul (Hg.), Glaube, S. 99–137.

Deißmann, Adolf: Paulus. Eine kultur- und religionsgeschichtliche Skizze, Tübingen (1911) [2]1925.

Dibelius, Martin: Paulus und die Mystik, in: ders., Botschaft und Geschichte. Gesammelte Aufsätze, Bd. 2 (hg. von Günther Bornkamm), Tübingen 1956, S. 134–159.

Dobbeler, Axel von: Glaube als Teilhabe. Historische und semantische Grundlagen der paulinischen Theologie und Ekklesiologie des Glaubens (WUNT 2/22), Tübingen 1987.

Dobbeler, Axel von: Metaphernkonflikt und Missionsstrategie. Beobachtungen zur personifizierenden Rede vom Glauben in Gal 3,23–25, ThZ 54 (1998) S. 14–35.

Dunn, James D. G.: The New Perspective on Paul (1983), in: ders., The New Perspective on Paul. Collected Essays (WUNT 185), Tübingen 2005, S. 89–110.

Dunn, James D. G.: The New Perspective on Paul. Whence, What and Whither?, in: ders., The New Perspective on Paul, S. 1–80.

Dunn, James D. G.: The Theology of Paul the Apostle, Grand Rapids 1998.

Ebeling, Gerhard: Das Wesen des christlichen Glaubens (1959), München und Hamburg ³1967.

Ebeling, Gerhard: Die Frage nach dem historischen Jesus und das Problem der Christologie. Rudolf Bultmann zum 75. Geburtstag (1959), in: ders., Wort und Glaube, Bd. 1, Tübingen 1960, S. 300–318.

Ebeling, Gerhard: Die Welt als Geschichte (1960), in: ders., Wort und Glaube, Bd. 1, S. 381–392.

Ebeling, Gerhard: Fides occidit rationem. Ein Aspekt der theologia crucis in Luthers Auslegung von Gal 3,6 (1979), in: ders., Lutherstudien, Bd. 3: Begriffsuntersuchungen – Textinterpretationen – Wirkungsgeschichtliches, Tübingen 1985, S. 181–222.

Ebeling, Gerhard: Glaube und Unglaube im Streit um die Wirklichkeit (1960), in: ders., Wort und Glaube, Bd. 1, S. 393–406.

Ebeling, Gerhard: Jesus und Glaube (1958), in: ders., Wort und Glaube, Bd. 1, S. 203–254.

Ebeling, Gerhard: Was heißt Glauben? (1958), in: ders., Wort und Glaube, Bd. 3: Beiträge zur Fundamentaltheologie, Soteriologie und Ekklesiologie, Tübingen 1975, S. 225–235.

Ebeling, Gerhard: Luther und Schleiermacher, in: ders., Lutherstudien, Bd. 3, S. 405–427.

Ebeling, Gerhard: Zwei Glaubensweisen? (1961), in: Wort und Glaube, Bd. 3, S. 236–245.

Eckstein, Hans-Joachim: Das Wesen des christlichen Glaubens. Nachdenken über das Glaubensverständnis bei Paulus (2000), in: ders., Der aus Glauben Gerechte wird leben. Beiträge zur Theologie des NT (Beiträge zum Verstehen der Bibel 5), Münster 2003, S. 3–18.

Eco, Umberto: Lector in fabula. Die Mitarbeit der Interpretation in erzählenden Texten (übersetzt von Heinz-Georg Held), München 1987.

Erasmus von Rotterdam: De libero arbitrio διατριβη, sive collatio, in: ders., Ausgewählte Schriften, Bd. 4 (übersetzt, eingeleitet und mit Anmerkungen versehen von Winfried Lesowsky), Darmstadt 1969, S. 1–195.

Fitzmyer, Joseph A.: Romans. A New Translation with Introduction and Commentary (Anchor Bible), New York 1993.

Frey, Jörg: Das Judentum des Paulus, in: Oda Wischmeyer (Hg.), Paulus. Leben – Umwelt – Werk – Briefe, Tübingen und Basel 2006, S. 5–43.

Frey, Jörg: Paulinische Perspektiven zur Kreuzestheologie. In memoriam Ernst Käsemann (1906–1998), in: Klaus Grünwaldt und Udo Hahn (Hg.), Kreuzestheologie – kontrovers und erhellend, Hannover 2007, S. 53–97.

Friedrich, Gerhard: Glaube und Verkündigung bei Paulus, in: Ferdinand Hahn und Hans Klein (Hg.), Der Glaube im Neuen Testament. Festschrift Hermann Binder, Neukirchen-Vluyn 1982, S. 93–113.

Fuchs, Ernst: Aus der Marburger Zeit (1977), in: ders., Wagnis des Glaubens, Neukirchen-Vluyn 1979, S. 73–75.

Fuchs, Ernst: Die Theologie des Neuen Testaments und der historische Jesus (1960), in: ders., Zur Frage nach dem historischen Jesus, Gesammelte Aufsätze, Bd. 2, S. 377–404.

Gäckle, Volker: Die Starken und die Schwachen in Korinth und in Rom. Zu Herkunft und Funktion der Antithese in 1Kor 8,1–11,1 und in Röm 14,1–15,13 (WUNT 2/200), Tübingen 2005.

Goppelt, Leonhard: Theologie des Neuen Testaments (hg. von Jürgen Roloff), Göttingen (1976) ³1991.

Haacker, Klaus: Der Brief des Paulus an die Römer (ThHKNT), Leipzig 1999.

Haacker, Klaus: Art. Glaube. II. Altes und Neues Testament, TRE 13, Berlin und New York 1984, S. 277–304.

Habermas, Jürgen: Ein Bewusstsein von dem, was fehlt. Über Glauben und Wissen und den Defaitismus der modernen Vernunft, NZZ vom 10. Februar 2007.

Hahn, Ferdinand: Gen 15,6 im Neuen Testament, in: Hans Walter Wolff (Hg.), Probleme Biblischer Theologie. Festschrift für Gerhard von Rad, München 1971, S. 90–107.

Hahn, Ferdinand: Theologie des Neuen Testaments, Bd. 1: Die Vielfalt des Neuen Testaments. Theologiegeschichte des Urchristentums, Tübingen (2003) ²2005.

Hahn, Ferdinand: Theologie des Neuen Testaments, Bd. 2: Die Einheit des Neuen Testaments. Thematische Darstellung, Tübingen (2003) ²2005.

Hamm, Berndt: Die Emergenz der Reformation, in: ders. und Michael Welker, Die Reformation. Potentiale der Freiheit, Tübingen 2008, S. 1–27.

Hamm, Berndt: Wie mystisch war der Glaube Luthers?, in: ders. und Volker Leppin (Hg.), Gottes Nähe unmittelbar erfahren. Mystik im Mittelalter und bei Martin Luther (Spätmittelalter und Reformation. Neue Reihe 36), Tübingen 2007, S. 237–287.

Härle, Wilfried und Preul, Reiner: Vorwort, in: dies. (Hg.), Glaube, Marburger Jahrbuch Theologie IV (MThSt 33), Marburg 1992, S. VII–VIII.

Härle, Wilfried: Der Glaube als Gottes- und/oder Menschenwerk in der Theologie Martin Luthers, in: ders. und Reiner Preul (Hg.), Glaube, S. 37–77.

Härle, Wilfried: Dogmatik (de Gruyter Lehrbuch), Berlin und New York ³2007.

Hatch, W.H.P.: The Pauline Idea of Faith in Its Relation to Jewish and Hellenistic Religion (HThSt 2), Cambridge 1917.

Hays, Richard B.: The Faith of Jesus Christ. The Narrative Substructure of Galatians 3:1–4:11 (1983), Grand Rapids ²2002.

Hengel, Martin: Das Begräbnis Jesu bei Paulus und die leibliche Auferstehung aus dem Grabe (2001), in: ders., Studien zur Christologie: Kleine Schriften, Bd. 4 (hg. von Claus-Jürgen Thornton) (WUNT 201), Tübingen 2006, S. 386–450.

Hengel, Martin: Der vorchristliche Paulus, in: ders. und Ulrich Heckel (Hg.), Paulus und das antike Judentum (WUNT 58), Tübingen 1991, S. 177–293.

Hengel, Martin: Judentum und Hellenismus. Studien zu ihrer Begegnung unter besonderer Berücksichtigung Palästinas bis zur Mitte des 2. Jahrhunderts vor Christus, Tübingen (1969) ³1988.

Hengel, Martin und Anna Maria Schwemer: Geschichte des frühen Christentums, Bd. 1: Jesus und das Judentum, Tübingen 2007.

Hengel, Martin und Anna Maria Schwemer: Paulus zwischen Damaskus und Antiochien. Die unbekannten Jahre des Apostels (WUNT 108), Tübingen 1998.

Herms, Eilert: Offenbarung und Glaube. Zur Bildung des christlichen Lebens, Tübingen 1992.

Hofius, Otfried: Wort Gottes und Glaube bei Paulus, in: ders., Paulusstudien (WUNT 51), Tübingen 1990, S. 148–174.

Hooker, Morna: Art. Glaube. III. Neues Testament, RGG[4] 3, Tübingen 2000, Sp. 947–953.

Horn, Friedrich W. und Zimmermann, Ruben (Hg.), Jenseits von Indikativ und Imperativ. Kontexte und Normen neutestamentlicher Ethik, Bd. 1 (WUNT 238), Tübingen 2009.

Humboldt, Wilhelm von: Über die Verschiedenheit des menschlichen Sprachbaues und ihren Einfluss auf die geistige Entwicklung des Menschengeschlechtes (1836), in: ders., Gesammelte Schriften, Bd. 4 (hg. von der Königlich-Preußischen Akademie der Wissenschaften), Berlin 1903–1936.

Iwand, Hans Joachim: Christologie. Die Umkehrung des Menschen zur Menschlichkeit, in: ders., Nachgelassene Werke. Neue Folge (hg. von der Hans-Iwand-Stiftung), Bd. 2, 1999.

Johannes Paul II.: Enzyklika Fides et Ratio von Papst Johannes Paul II. an die Bischöfe der katholischen Kirche über das Verhältnis von Glaube und Vernunft, 14. September 1998 (Verlautbarungen des Apostolischen Stuhls 135; hg. vom Sekretariat der Deutschen Bischofskonferenz).

Jüngel, Eberhard: Das Evangelium von der Rechtfertigung des Gottlosen als Zentrum des christlichen Glaubens. Eine theologische Studie in ökumenischer Absicht, Tübingen (1998) [5]2006.

Jüngel, Eberhard: Art. Glaube. IV. Systematisch-theologisch, RGG[4] 3, Tübingen 2000, Sp. 953–974.

Jüngel, Eberhard: Gott als Geheimnis der Welt. Zur Begründung der Theologie des Gekreuzigten im Streit zwischen Theismus und Atheismus, Tübingen (1977) [10]2010.

Jüngel, Eberhard: Paulus und Jesus. Eine Untersuchung zur Präzisierung der Frage nach dem Ursprung der Christologie (HUTh 2), Tübingen (1962) [7]2004.

Jüngel, Eberhard: «Theologische Wissenschaft und Glaube» im Blick auf die Armut Jesu (1962), in: ders., Unterwegs zur Sache. Theologische Erörterungen, Bd. 1, Tübingen [3]2000, S. 11–33.

Kammler, Hans-Christian: Kreuz und Weisheit. Eine exegetische Untersuchung zur 1 Kor 1,10–3,4 (WUNT 159), Tübingen 2003.

Käsemann, Ernst: An die Römer (HNT 8a), Tübingen (1973) [4]1980.

Käsemann, Ernst: Die Heilsbedeutung des Todes Jesu bei Paulus, in: ders., Paulinische Perspektiven, Tübingen (1969) [3]1993, S. 61–107.

Käsemann, Ernst: Gottesgerechtigkeit bei Paulus (1961), in: ders., Exegetische Versuche und Besinnungen, Bd. 2, Göttingen 1964, S. 181–193.

Kindt, Irmgard: Der Gedanke der Einheit. Adolf Schlatters Theologie und ihre historischen Voraussetzungen, Stuttgart 1978.

Kinneavy, James L.: Greek Rhetorical Origins of Christian Faith. An Inquiry, New York 1987.

Körtner, Ulrich H. J.: Für uns gestorben? Die Heilsbedeutung des Todes Jesu als religiöse Provokation, in: Klaus Grünwaldt und Udo Hahn (Hg.), Kreuzestheologie – kontrovers und erhellend, Hannover 2007, S. 203–222.

Körtner, Ulrich H. J.: Reformatorische Theologie im 21. Jahrhundert (ThSt N.F. 1), Zürich 2010.

Kuss, Otto: Der Römerbrief, Bd. 1, Regensburg ²1963.

Landmesser, Christof: Begründungsstrukturen paulinischer Ethik, in: Friedrich W. Horn und Ruben Zimmermann (Hg.), Jenseits von Indikativ und Imperativ, S. 177–196.

Lausberg, Heinrich: Handbuch der literarischen Rhetorik. Eine Grundlegung der Literaturwissenschaft (1960), Stuttgart ⁴2008.

Lohmeyer, Ernst: Grundlagen paulinischer Theologie (BHTh 1), Tübingen 1929.

Lohse, Eduard: Emuna und Pistis. Jüdisches und urchristliches Verständnis des Glaubens, ZNW 68 (1977) S. 147–163.

Lüdemann, Hermann: Die Anthropologie des Apostels Paulus und ihre Stellung innerhalb seiner Heilslehre. Nach den vier Hauptbriefen, Kiel 1872.

Lührmann, Dieter: Glaube, Bekenntnis, Erfahrung, in: Wilfrid Härle und Reiner Preul (Hg.), Glaube, S. 13–36.

Lührmann, Dieter: Glaube im frühen Christentum, Gütersloh 1976.

Lührmann, Dieter: Pistis im Judentum, ZNW 64 (1973) S. 19–38.

Luther, Martin: D. Martin Luthers Werke. Weimarer Ausgabe (WA), Weimar 1883–2009.

Martin, Gerhard Marcel: Vom Unglauben zum Glauben. Zur Theologie der Entscheidung bei Rudolf Bultmann (ThSt 118), Zürich 1976.

Mayordomo, Moisés: Argumentiert Paulus logisch? Eine Analyse vor dem Hintergrund antiker Logik (WUNT 188), Tübingen 2005.

Meier, Hans-Christoph: Mystik bei Paulus. Zur Phänomenologie religiöser Erfahrung im Neuen Testament (TANZ 26), Tübingen 1998.

Melanchthon, Philipp: Heubtartikel Christlicher Lere. Melanchthons deutsche Fassung seiner Loci theologici, nach dem Autograph und dem Originaldruck von 1553 (hg. von Ralf Jenett und Johannes Schilling), Leipzig 2002.

Melanchthon, Philipp: Loci praecipui theologici von 1559, Melanchthons Werke in Auswahl (hg. von Robert Stupperich), Bd. 2/2, Gütersloh ²1980.

Merklein, Helmut: Das paulinische Paradox des Kreuzes, TThZ 106 (1997) S. 81–98.

Michel, Otto, Der Brief an die Römer (KEK 4), Göttingen (1955) ⁵1978.

Mundle, Wilhelm: Der Glaubensbegriff des Paulus. Eine Untersuchung zur Dogmengeschichte des ältesten Christentums, Leipzig 1932.

Nanos, Mark: The Mystery of Romans. The Jewish Context of Paul's Letter, Minneapolis 1996.

Neugebauer, Fritz: In Christus = En Christoi. Eine Untersuchung zum paulinischen Glaubenverständnis, Göttingen 1961.

Niebuhr, Karl-Wilhelm: Heidenapostel aus Israel. Die jüdische Identität des Paulus nach ihrer Darstellung in seinen Briefen (WUNT 62), Tübingen 1992.

Nietzsche, Friedrich: Morgenröthe, in: Nietzsche Werke (hg. von Giorgio Colli und Mazzino Montinari), Bd. 5/1, Berlin und New York, 1971, S. 3–335.

Norden, Eduard: Die antike Kunstprosa vom VI. Jahrhundert v. Chr. bis in die Zeit der Renaissance, Bd. 2, Leipzig und Berlin (1898) [2]1909.

Pannenberg, Wolfhart: Die Gemeinsame Erklärung zur Rechtfertigungslehre aus evangelischer Sicht (1998), in: ders., Beiträge zur systematischen Theologie. Kirche und Ökumene, Göttingen 2000, S. 289–299.

Pannenberg, Wolfhart: Systematische Theologie, Bd. 3, Göttingen 1993.

Pannenberg, Wolfhart: Wahrheit, Gewissheit und Glaube, in: Grundfragen systematischer Theologie, Gesammelte Aufsätze Bd. 2, Göttingen 1980, S. 226–264.

Pfleiderer, Otto: Das Urchristentum, seine Schriften und Lehren in geschichtlichem Zusammenhang, Bd. 1, Berlin (1887) [2]1902.

Pohlenz, Max: Der hellenische Mensch, Göttingen 1947.

Rad, Gerhard von: Das Erste Buch Mose. Genesis (ATD 2–4), Göttingen (1949–1953) [12]1987.

Rad, Gerhard von: Theologie des Alten Testaments, Bd. 1: Die Theologie der geschichtlichen Überlieferungen Israels, München (1957) [9]1987.

Reitzenstein Richard: Die hellenistischen Mysterienreligionen. Nach ihren Grundgedanken und Wirkungen, Leipzig (1910) [3]1927.

Rieger, Reinhold: Ungläubiger Glaube? Beobachtungen zu Luthers Unterscheidung zwischen Glaube und Unglaube, KuD 53 (2007) S. 35–56.

Riesner, Rainer: Die Frühzeit des Apostels Paulus. Studien zur Chronologie, Missionsstrategie und Theologie (WUNT 71), Tübingen 1994.

Ringleben, Joachim: Der Begriff des Glaubens in der «Gemeinsamen Erklärung zur Rechtfertigungslehre». Ein theologisches Gutachten, ZThK 95 (1998) S. 232–249.

Roloff, Jürgen: Abraham im Neuen Testament. Beobachtungen zu einem Aspekt Biblischer Theologie, in: ders., Exegetische Verantwortung in der Kirche. Aufsätze (hg. von Martin Karrer), Göttingen 1990, S. 231–254.

Sanders, E. P.: Paulus und das palästinische Judentum. Ein Vergleich zweier Religionsstrukturen (engl. 1977), Göttingen 1985.

Sarot, Marcel, Art. Gefühl. III. Fundamentaltheologisch, RGG[4] 3, Tübingen 2000, Sp. 535f.

Schenk, Wolfgang: Die Gerechtigkeit Gottes und der Glaube Christi, ThLZ 97 (1972) S. 161–174.

Schenk, Wolfgang: Glaube im lukanischen Doppelwerk, in: Ferdinand Hahn und Hans Klein (Hg.), Der Glaube im Neuen Testament. Festschrift Hermann Binder, Neukirchen-Vluyn 1982, S. 69–92.

Schlatter, Adolf: Der Glaube im Neuen Testament (1885), Stuttgart [6]1982.

Schlatter, Adolf: Gottes Gerechtigkeit. Ein Kommentar zum Römerbrief, Stuttgart 1935.

Schlatter, Adolf: Rückblick auf meine Lebensarbeit (1952), Stuttgart [2]1977.

Schleiermacher, Friedrich Daniel Ernst: Kritische Gesamtausgabe (KGA) (hg. von Hermann Fischer u. a.), Berlin und New York 1980ff.

Schleiermacher, Friedrich Daniel Ernst: Aus Schleiermacher's Leben in Briefen (hg. von Wilhelm Dilthey), Bd. 2: Von Schleiermacher's Anstellung in Halle, October 1804, bis an sein Lebensende, 12. Februar 1834, Berlin [2]1860.

Schlier, Heinrich: Der Römerbrief (HThKNT), Freiburg 1977.

Schließer, Benjamin: Abraham's Faith in Romans 4. Paul's Concept of Faith in Light of the History of Reception of Gen 15:6 (WUNT 2/224), Tübingen 2007.

Schnelle, Udo: Gerechtigkeit und Christusgegenwart. Vorpaulinische und paulinische Tauftheologie, Göttingen (1983) [2]1986.

Schnelle, Udo: Historische Anschlussfähigkeit. Zum hermeneutischen Horizont von Geschichts- und Traditionsbildung, in: Jörg Frey und ders. (Hg.), Kontexte des Johannesevangeliums (WUNT 175), Tübingen 2004, S. 47–78.

Schnelle, Udo: Paulus. Leben und Denken, Berlin und New York 2003.

Schrage, Wolfgang: Ethik des Neuen Testaments, NTD Ergänzungsreihe 4, Göttingen [2]1989.

Schulz, Heiko: Theorie des Glaubens, Tübingen 2001.

Schulz, Siegfried: Neutestamentliche Ethik, Zürich 1987.

Schunack, Gerd: Glaube in griechischer Religiosität, in: Bernd Kollmann, Wolfgang Reinbold und Annette Steudel (Hg.), Antikes Judentum und frühes Christentum. Festschrift für Hartmut Stegemann zum 65. Geburtstag (BZNW 97), Berlin und New York 1999, S. 296–326.

Schweitzer, Albert: Die Mystik des Apostels Paulus, Tübingen (1930) [2]1954.

Schwöbel, Christoph: Art. Theologie, RGG[4] 8, Tübingen 2005, Sp. 255–306.

Seils, Martin: Glaube (HAST 13), Gütersloh 1996.

Slenczka, Notger: «Allein durch den Glauben». Antwort auf die Frage eines mittelalterlichen Mönchs oder Angebot zum Umgang mit einem Problem jedes Menschen?, in: Christoph Bultmann, Volker Leppin und Andreas Lindner (Hg.), Luther und das monastische Erbe (SHR 39), Tübingen 2007, S. 291–316.

Slenczka, Reinhard: Art. Glaube. VI. Reformation/Neuzeit/Systematisch-theologisch, TRE 13, Berlin und New York 1984, S. 318–365.

Stendahl, Krister: Paul among Jews and Gentiles, Philadelphia 1977.

Strecker, Christian: Fides – Pistis – Glaube. Kontexte und Konturen einer Theologie der «Annahme» bei Paulus, in: Michael Bachmann und Johannes Woyke (Hg.), Lutherische und Neue Paulusperspektive (WUNT 182), Tübingen 2005, S. 223–250.

Stuhlmacher, Peter: Biblische Theologie des Neuen Testaments, Bd. 1: Grundlegung: Von Jesus zu Paulus, Göttingen (1992) [3]2005.

Stuhlmacher, Peter: Gerechtigkeit Gottes bei Paulus (FRLANT 87), Göttingen (1965) [2]1966.

Stuhlmacher, Peter: Zum Neudruck von Adolf Schlatters «Der Glaube im Neuen Testament», in: Adolf Schlatter, Der Glaube im Neuen Testament, S. V–XXIII.

Stuhlmacher, Peter: Zum Thema Rechtfertigung (2001), in: ders., Biblische Theologie und Evangelium. Gesammelte Aufsätze (WUNT 146), Tübingen 2002, S. 23–65.

Stuhlmacher, Peter: Zur hermeneutischen Bedeutung von 1Kor 2,6–16 (1987), in: ders., Biblische Theologie und Evangelium, S. 143–166.

Theißen, Gerd: Die Religion der ersten Christen. Eine Theorie des Urchristentums, Gütersloh ³2003.

Theobald, Michael: «Abraham sah hin …». Realitätssinn als Gütesiegel des Glaubens (Röm 4,18–22) (2001), in: ders., Studien zum Römerbrief, Tübingen 2001, S. 398–416.

Theobald, Michael: Der «strittige Punkt» (Rhet. a. Her. I,26) im Diskurs des Römerbriefs. Die propositio 1,16f und das Mysterium der Errettung ganz Israels (1999), in: ders., Studien zum Römerbrief, S. 278–323.

Tillich, Paul: Wesen und Wandel des Glaubens (1957/1961), in: ders., Gesammelte Werke (hg. von Renate Albrecht), Bd. 8, Stuttgart 1970, S. 111–196.

Ulrichs, Karl Friedrich: Christusglaube. Studien zum Syntagma πίστις Χριστοῦ und zum paulinischen Verständnis von Glaube und Rechtfertigung (WUNT 2/227), Tübingen 2007.

Vielhauer, Philipp: Geschichte der urchristlichen Literatur. Einleitung in das Neue Testament, die Apokryphen und die Apostolischen Väter, Berlin und New York 1975.

Watson, Francis: Paul, Judaism, and the Gentiles. Beyond the New Perspective, Grand Rapids 2007.

Weder, Hans: Die Entdeckung des Glaubens im Neuen Testament (1988), in: ders., Einblicke ins Evangelium. Exegetische Beiträge zur neutestamentlichen Hermeneutik, Göttingen 1992, S. 137–150.

Weiser, Artur: Art. πιστεύω κτλ. B, ThWNT 6, Stuttgart 1959, S. 182–197.

Welz, Claudia: Vertrauen und Versuchung (RPT 51), Tübingen 2010.

Vollenweider, Samuel: Freiheit als neue Schöpfung. Eine Untersuchung zur Eleutheria bei Paulus und in seiner Umwelt (FRLANT 147), Göttingen 1989.

Voss, Florian: Das Wort vom Kreuz und die menschliche Vernunft. Zur Soteriologie des 1. Korintherbriefes (FRLANT 199), Göttingen 2002.

Walldorf, Jochen: Realistische Philosophie. Der philosophische Entwurf Adolf Schlatters, Göttingen 1999.

Wildberger, Hans: «Glauben». Erwägungen zu hä'ämin, in: Hebräische Wortforschung. Festschrift zum 80. Geburtstag von Walter Baumgartner (VT.S 16), Leiden, 1967, S. 372–386.

Wissmann, Erwin: Das Verhältnis von ΠΙΣΤΙΣ und Christusfrömmigkeit bei Paulus (FRLANT 23), Göttingen 1926.

Wolter, Michael: Identität und Ethos bei Paulus, in: ders., Theologie und Ethos im frühen Christentum. Studien zu Jesus, Paulus und Lukas, Tübingen 2009, S. 121–169.

Zimmerling, Peter: Evangelische Spiritualität. Wurzeln und Zugänge, Göttingen 2003.

Zumstein, Jean: Das Wort vom Kreuz als Mitte der paulinischen Theologie, in: Andreas Dettwiler und ders. (Hg.), Kreuzestheologie im Neuen Testament (WUNT 151), Tübingen 2002, S. 27–41.